축소주의자가
되기로 했다

골고루 덜어 내는 삶을 삽니다
다음 지구는 없으니까요

축소주의자가
되기로 했다

이보람 지음

자기 몫의 유연한
비건 지향 생활

멜론
카르북스

축소주의자가 되기로 했습니다

29살. 서른을 코앞에 둔 그 나이에 잘 다니던 직장을 그만두고 만 서른 살까지만 갈 수 있다는 영국 워킹홀리데이의 마지막 열차에 탑승했다. 대형 병원의 간호사로 근무했던 당시에는 모든 일이 힘들다 못해 삶의 허무까지 느꼈고, 좀비처럼 피곤한 몸을 이끌며 꾸역꾸역 살아가고 있었다. 그러던 어느 날 친구에게 영국 워킹홀리데이 이야기를 전해 듣고는 눈이 번쩍 떠지는 것만 같았다. 갑자기 어딘가 가 보지 못한 새로운 곳으로 떠나고 싶은 충동이 일었고, 그길로 뒤도 돌아보지 않고 워킹홀리데이를 준비하기 시작했다. 그때 내 머릿속엔 오로지 지옥 같은 현실에서 벗어날 수 있다는 희망과 한 번도 가 보지 못한 유럽에 대한 환상만이 가득했고, 한국으로 다시 돌아올 때 환경 문제에 푹 빠져 있을 것이라고는 상상도 하지 못했다. 인생을 살면서 몇 번의 터닝 포인트를 마주치게 되는 것이라면, 영국으로 워킹홀리데이를 떠나기로 한 그 순간이 나에게 한 번의 터닝 포인트였던 셈이다.

환경에 관해 궁금증을 품게 된 계기는 고기였다. 하루는 점심시간에 카페에서 파는 평범한 닭고기 샌드위치를 먹고 있었다. 그런데, 이 냄새는 뭐지? 닭고기에서 채소의 향으로 가려지지 않는 미세한 누린내가 후각을 자극했다. 차가운 고기라서 그런가 보다 하고 넘겼지만 그 이후로 다시는 닭고기 샌드위치를 먹지 않았다. 별로 가리는 것 없이 뭐든 잘 먹는 편인데, 영국 음식이 형편없다더니 틀린 말이 아니구나 생각했다. 며칠 뒤에 돼지고기를 사다가 고추장 양념에 볶아 먹었다. 이번에는 고추장으로 가릴 수 없는 돼지 누린내가 났다. 여태껏 아무렇지 않게 먹어 온 돼지고기인데도 이상하게 그런 느낌을 지울 수 없었다. 마늘에 쌈장까지 얹어야만 그 냄새를 의식하지 않고 끝까지 먹을 수 있었다. 어느 날에는 드라마를 보다가 식욕이 돋아서 소고기로 로스트 비프를 해 먹었다. 이번에도 허브 향으로 가려지지 않는 고기 누린내가 나서 차마 버리지는 못하고 꾸역꾸역 먹을 수밖에 없었다. 저렴한 고기를 쓴 것이 문제였을까 생각하다가 비슷한 문제를 연달아 겪다 보니 뭔가 이유가 있을 것이라는 느낌이 들었다. 삼십 평생 맛있게 먹고 다니다가 개인적인 취향의 문제로 고기를 멀리하고 싶은 충동은 처음 경험하는 것이었다. 하지만 곰곰이 생각해 보니 그동안 한국에서도 고기 육수나 비계, 순대 등을 접할 때 미세하게 불편한 맛을 느껴 왔었다. 한번 강하게 의식하고 나니 더 잘 느껴졌던 것이다. 대체 왜 그랬을까? 조리를 잘못해서 그런 것일까? 원래부터 고기는 향신료로 가릴 수 없는 기본적인 누린내를 갖고 있는 것일까? 고기의 품질이 좋지 않았던 것일까? 나이가 들며 내 입맛이 바뀐 걸까? 여러 가지 궁금증을 안고 육식 문화에 대해 파고들기 시작했다.

가장 먼저 알게 된 것은 최근 몇십 년간 세계적으로 급증한 육고기 수요로 인해 가축이 대량 생산되면서 고기의 품질이 저하될 수밖에 없었던 공장식 축산 시스템의 현실이었다. 가축이 평생을 좁디좁은 우리 안에서 제대로 움직이지도 못하고 항생제를 주입당하며 온갖 질병에 시달리다가 잔인하게 도살되는 과정을 여태 모르고 살았던 것이 죄악처럼 느껴졌다. 그동안 우리는 얼마나 병든 고기를 먹고 있었던 걸까. 그것이 그대로 내 몸을 이루리라는 것을 알지도 못한 채 말이다. 하지만 나를 더욱 경악하게 한 것은 이러한 축산 환경 자체가 지구를 심각하게 오염시키고 있다는 사실이었다. 소가 내뿜는 메탄가스는 대기를 오염하고, 가축의 분뇨는 몇십 년이 지나도 회복되지 않을 만큼 토양을 더럽힌다. 가축의 사료로 쓰이는 곡식은 전 세계 곡식의 1/3을 차지하는데, 이는 인간이 먹을 것조차 위협하는 양이다. 그리하여 사료를 원활히 공급하기 위해 유전자 변형 식품, 일명 GMO가 등장했다. GMO에 대해 여러 논쟁이 있지만, GMO는 인위적으로 만든 것이기에 생명에 결코 이로울 리 없다. 하지만 먹거리와 관련된 모든 진실이 거대한 자본 뒤에 숨겨진 채 지구를 파괴하고 있다. 고기 누린내로 시작된 사소한 궁금증은 이제 환경 문제로까지 확장되었다.

하지만 영국에서 내가 비건, 즉 완전 채식주의자가 되었다거나 환경운동가로서 활동해야겠다고 결심한 것은 아니다. 그저 과도한 육식과 소비문화가 생각보다 환경에 심각한 해를 입힌다는 사실을 인지하고 나서 세상을 바라보는 시선이 변하기 시작한 것뿐이다. 2013년 당시 런던 시내에서는 한국과 달리 비건 식당이나 친환경 마케팅 문구를 자주 볼 수 있었다. 주변에서도 종교적 이유든 신체적 이유든 채식을 하는 사람을 어렵지 않게 볼 수 있었고, 백화점에 가면 '플라스틱 바다'라는 주제로 일회용품을 대체한 친환경 제품을 판매하여 그 수익을 환경단체에 기부하는 식의 캠페인도 볼 수 있었다. 그러한 주변 환경 덕에 기후 변화와 환경 오염이 심각하다는 사실을 자연스레 받아들이고 대기업부터 개인까지 모두 노력하고 있는 현실에 흡수될 수 있었던 것이다. 그리고 한국에 돌아올 때는 일상생활에서 늘 환경 문제를 염두에 두며 살아가는 것이 당연하다고 생각하게 되었다. 한번 알게 된 지구의 심각한 위기는 오래도록 잊히지 않았다. 한국에 온 뒤에도 책과 다큐멘터리, 신문 기사를 통해 인간이 자초한 환경 오염에 대해 자세히 알아볼 수 있었고, 내 마음의 불씨는 점점 더 커져만 갔다. 해가 갈수록 눈에 띄게 악화되는 기상 변화를 피부로 느끼고, 플라스틱 섬이 생기며 병들어 가는 지구를 볼 때마다 환경을 위해 무언가 해야만 한다는 사명감이 스멀스멀 올라온 것이다. 물론 규모가 큰 환경단체에 매달 얼마씩 기부하며 환경을 위해 최소한은 행동하고 있다고 위안 삼을 수 있다. 또는 매주 바다나 숲으로 나가 쓰레기를 줍는 등 적극적인 활동을 할 수도 있지만 가장 중요한 것은 매 순간의 생활 습관을 친환경적으로 바꾸는 노력이라는 생각이 들었다. 사소한 습관이 쌓이면 인생을 이루기 때문이다.

그러나 아무리 좋아서 하는 일이라고 해도 평생의 생활 습관을 바꾸는 것은 좀처럼 쉬운 일이 아니다. 나는 간호사로서 간단한 생활 습관만 바꾸면 치유될 수 있는 질병이 죽음의 문턱까지 가도록 악화되는 경우를 많이 보았다(흔히 생활습관병이라고도 한다). 이미 고착된 생활 습관을 바꾸는 일은 어쩌면 자신을 다른 사람으로 바꾸는 것처럼 어려울 것이다. 그렇기에 가치관을 위해 식습관을 고치고 소비 패턴을 바꾸는 일은 그만큼 커다란 변화를 불러일으키는 중대한 결심이다. 하지만 결심보다 중요한 것은 꾸준히 실천하는 일이다. 나도 친환경적인 습관을 들이며 스트레스 받지 않고 실천 가능한 범위 내에서 아주 작은 것부터 바꿔 나가는 일이 중요하다는 사실을 배웠다.

최근에는 기쁘게도 한국에서 친환경 붐이 제대로 일고 있다. '제로 웨이스트'와 '비건'이라는 단어를 일상 속에서 쉽게 찾아볼 수 있다. 제로 웨이스트는 쓰레기를 전혀 배출하지 않는다는 뜻이지만 현실적으로 쓰레기를 아주 배출하지 않고 살 수는 없으니 최소한으로 줄이자는 운동으로 볼 수 있다. 덕분에 일회용품으로 사용해 왔던 물건을 여러 번 사용할 수 있는 친환경 제품으로 대체하는 사람들이 늘어났고, 더불어 그런 물건을 판매하는 기업도 많아졌다. 비건은 직접적인 동물성 식품을 포함하여 꿀이나 팜 오일 등 동물 착취의 가능성이 있는 제품은 일절 소비하지 않는 사람을 일컫는다. 봉준호 감독의 영화 「옥자」에 나오는 한 환경운동가는 동식물을 포함해 모든 음식을 생존에 필요한 최소한의 양만 먹고 살아가는 극단적인 생활 방식을 고집한다. 어떤 음식이든 만들어지는 과정에서 무조건 환경을 파괴한다고 믿는 것이다. 이 사람은 웬만하면 먹지 않기 때문에 때때로 현기증을 느낀다. 폭발적으로 증가한 세계 인구와 인간의 잘못된 생활 방식으로 지구가 점점 더 심하게 오염되고 있는 것은 사실이지만, 그렇다고 모두가 영화 속 환경운동가처럼 안 먹고 안 쓰고 살 수는 없으며 스스로 멸종하거나 개체를 줄여 나갈 수도 없다. 그렇다면 주어진 환경 속에서 조화롭게 살아가는 방식을 택해야 한다. 하지만 모두가 평생 살아온 습관을 버리고 갑자기 제로 웨이스트를 실천한다든가 완전 채식주의자가 된다는 것은 거의 불가능하다. 어떤 사람은 쉽게 할 수도 있겠지만 좌절감이나 죄책감, 자격지심을 느끼고 도로 예전처럼 되돌아가는 사람들이 대부분일 것이다. 환경도 좋지만 에라 모르겠다, 오늘은 치킨을 먹으련다, 하고 욕구 앞에 쉽게 무너지는 것이 인간이다. 그렇게 스스로 내렸던 결심이 무너지면 사람들은 자신을 나무라고 성공한 사람들을 질투하며 결국엔 어떤 허무함까지 느끼게 된다. 실제로 유튜브에서는 채식주의자와 육식주의자가 논쟁하는 모습은 물론 채식주의자끼리도 그 방식에 따라 서로를 마구 헐뜯는 모습을 볼 수 있다. 지구와 건강을 위해 좋은 목적으로 채식을 시작한 사람들끼리 어쩌다 서로에 대한 적대감과 혐오를 키우게 된 것인지 안타깝다. 준비 없이 극단으로 치우치면 남들도 나와 똑같이 해야 한다는 생각, 열심히 수집한 지식을 자랑하고 인정받고 싶은 욕심에 사로잡힐 수 있다. 자신이 포기한 것을 남들은 버젓이 하고 있을 때 억울한 마음이 들 수도 있을 것이다. 너무 엄격한 기준에 자신을 가두다 보면 부작용이 생기기 마련이다.

그래서 나는 축소주의자가 되기로 결심했다. 축소주의는 단어가 주는 다소 딱딱한 뉘앙스와는 달리 어렵거나 묵직한 개념은 아니다. 어쩌면 누구나 조금씩 실행하고 있을지도 모른다. 축소주의, 즉 Reducetarian은 영국인 브라이언 케이트만으로부터 처음 시작된 일종의 생활 방식으로 고기, 해산물, 유제품 등의 동물성 식품을 적게 먹는 운동이다. 축소주의자는 한 명의 완벽한 채식주의자보다 열 명의 축소주의자가 동물복지와 환경에 미치는 긍정적인 영향이 더 크다고 믿는다. 완전하게 채식을 하지 않기에 일주일에 한 번 혹은 한 달에 한 번 정도는 육식을 허용하며, 자신을 너무 가혹하게 옥죄지 않는 선에서도 충분히 동물복지와 환경에 기여할 수 있다고 생각한다. 영국에서의 축소주의는 채식 문화를 중심으로 시작되었지만, 내가 생각하는 축소주의는 적용 범위가 훨씬 넓다. 환경을 위해 플라스틱을 줄이는 노력은 할 수 있지만 도저히 채식만은 하고 싶지 않은 사람도 있을 것이다. 축소주의는 할 수 있는 분야에서 할 수 있는 만큼 환경에 해가 되는 것을 줄이자는 생활 방식이기 때문에 부담되지 않는 선에서 노력하면 된다. 즉, 축소주의자는 환경을 보호하기 위해 자신의 생활 습관을 각자 할 수 있는 만큼 친환경적으로 바꿔 나간다. 각자 다른 방식이지만 환경을 위한다는 공통된 신념 아래 축소주의자들은 서로를 응원하고 인정한다. 이 마음이 변치 않으려면 절대 타인과 비교하거나 자책하면 안 된다. 자신이 할 수 있는 만큼을 정확히 파악하고, 무리하여 포기하는 일이 없도록 하는 것이 더 중요하다. 이처럼 실용적인 태도의 비건 지향 생활자가 많아질수록 세상은 좀 더 빠르게 친환경적으로 변화할 것이다. 가끔 이런 생각을 한다. 축소주의만으로 과연 환경에 긍정적인 영향을 줄 수 있을까? 더 강력한 수칙을 만들어 실행해도 모자를 판에 축소주의의 관대한 방식으로 어떤 유의한 결과를 만들어 낼 수 있을까? 객관적인 통계 자료나 연구 결과가 있는 것은 아니지만, 희망은 가져 볼 수 있다. 이를테면 환경을 위해 아무런 행동도 하지 않을 때의 변화를 0, 비건이나 제로 웨이스트를 완벽히 실행하며 적극적으로 행동할 때의 변화를 10이라고 가정해 보자. 한 명의 완벽한 행동가와 아무것도 하지 않는 아홉 명의 보통 사람이 만드는 변화 정도가 10인 반면, 완벽하지 않지만 환경을 위해 나름 3 정도의 노력을 하는 사람이 열 명 있다면 전자의 3배인 30만큼의 변화가 생기는 것이다. 인간은 날카로운 이빨도 손톱도 없지만 집단으로 움직이면 맹수와도 싸워 이길 수 있다고 하니 더 많은 사람이 환경을 위해 조금씩 변화해 간다면 미래는 달라질 것이라고 믿는다.

서른 남짓, 어느 날 문득 고기 누린내에 대한 반감에서 시작된 나의 축소주의는 이 지구의 아주 작은 일원일 뿐인 내가 신념을 가지고 행동하는 것이 얼마나 긍정적인 변화를 가져올 수 있을지 희망을 품게 해 주었다. 환경 문제는 서로 다른 여러 분야가 얽혀 있다. 나는 그 하나하나의 문제에 축소주의를 적용하고 싶고, 이미 있을 다른 축소주의자들과 삶의 이야기를 공유하고 싶다. 나는 축소주의자다. 환경을 위해 무언가 조금이라도 하고 있다면, 당신도 이미 축소주의자다.

요가 하는 마음으로

　　결혼 직후 2017년에 제주도로 이주했다. 제주
도에 아무런 연고가 없는 우리 부부는 그저 자연이 좋아
서 내려오게 되었다. 자연이 좋으면 아무 시골이나 가면
되지 왜 굳이 제주도냐고 물어보는 사람도 많았다. 하지
만 나는 육지에서는 찾아볼 수 없는 이 화산섬의 매력에
폭 빠져 버렸다. 바라만 보아도 감동적인 한라산과 봉긋
봉긋 솟은 오름, 낭만적인 현무암 돌담길에 우윳빛 바다,
겨울에도 푸릇푸릇한 각종 밭들. 이런 곳은 한국에서 제
주도밖에 없다. 보기만 해도 행복해지는 이 풍경 속에서
유한한 인생을 보내면 좋겠다고 생각했다. 다행히 그 당
시 남자친구였던 지금의 남편과 의견이 잘 맞았고, 부모
님들도 반대하지 않으셔서 결혼 후에 바로 내려와 신혼살
림을 차리게 되었다. 실제로 신혼집을 보러 다니기 전에
는 복잡한 시내보다 경치 좋고 한적한 곳에 옛날 주택을
개조하여 살아가는 우리의 모습을 상상했었다. 바다가 가
까우면 좋겠고 작은 텃밭은 무조건 있어야 한다고 생각했
지만, 갓 내려온 우리는 차도 없었고 일도 해야 했기 때문

에 대중교통을 편히 이용할 수 있고 일자리가 있는 시내에 집을 얻을 수밖에 없었다. 제주도까지 내려와 앞뒤 주차장밖에 보이지 않는, 답답하지만 편리한 아파트에 살게된 것이다. 그나마 조금만 나가도 한라산과 바다 풍경을 볼 수 있는 것으로 위로했었다.

제주도에 내려오면 꼭 요가를 배우고 싶었다. 육지에서도 요가를 몇 군데 다녀 보았지만 제주도에서 배우는 요가는 뭔가 다를 것만 같았다. 새벽에 일어나 바다나 오름을 보며 요가로 하루를 시작하는 그런 것 말이다. 하지만 야행성인 내가 새벽에 일어나는 것부터 말이 안되거니와 일어났다 한들 시내에서 차를 타고 오름이나 바다로 매일 나가는 것은 현실적으로 불가능했다. 가까운곳이 최고라고 다시 생각을 고쳐먹은 찰나에 우연히 건너편 앞 아파트 상가에 있는 요가원에 등록하게 되었는데, 그곳에서 여태껏 경험하지 못했던 '하타요가'의 세계로 빠져들게 되었다. 하타요가를 통해 나의 호흡과 내면에 더깊게 집중하는 수련을 할 수 있었다. 이제 장소는 어디인지 중요하지 않았다. 바다나 오름이 보이지 않아도 여유와 치유를 경험할 수 있었다. 지금은 시내와 조금 거리가있는 곳으로 이사했기 때문에 요가원에 더는 다니지 않지만, 유튜브 속 랜선 요가 선생님의 지도에 따라 거실에 매트를 깔고 수련하고 있다. 집에서 요가를 하니 이동 시간이 줄어들었고, 아무 옷이나 걸치고 요가를 할 수 있으며, 드디어 창밖으로 한라산과 바다를 보며 수련할 수 있어서 이주 초반의 철없던 꿈을 하나 이룬 셈이 되었다.

　　　요가를 하며 하나 배운 것은 자신의 상태를 잘 살피고 절대 무리하지 않는 것이다. 요가에서는 현란한 상급 동작을 하지 못해도 자책하지 않고 꾸준히 수련하며 나의 상태와 호흡을 살펴 나가는 것을 강조한다. 전에는 잘 몰랐지만 요가를 할 때도 일을 할 때도 나는 늘 나를 엄격하게 몰아붙이고 칭찬보다는 스스로 나무라거나 반성할 때가 많다는 것을 깨달았다. 무엇을 하든 자책과 함께 더 잘하겠다는 결심으로 마무리하는 것이 당연하게 느껴졌다. 어느 날 요가를 마무리하는데 나의 랜선 요가 선생님인 유튜버 요가은 님이 한 손은 심장에 한 손은 배에 올려놓고 자신의 상태를 살피라고 하셨다. 그날은 어려운 동작 없이 30분가량 간단한 스트레칭을 했을 뿐인데도 심장 위에 올려놓은 손에서 심장 박동이 빠르게 느껴졌다. 무의식중에 '오늘 한 게 뭐 있다고 이렇게 빨리 뛰어'라고 생각한 순간 선생님이 말했다.

"오늘도 이렇게 시간을 내어 스스로를 돌보고 지킬 수 있었던 소중한 순간들, 매트를 깔고 나에게 집중하는 그 자체만으로도 정말로 근사한 일을 해냈다는 사실을 잊지 마세요."

아, 내가 또 습관적으로 나를 몰아쳤구나, 하는 생각이 들었다. 이런 마음은 축소주의 규칙을 늘려 나갈 때도 마찬가지였다. 나와 한 약속을 지키지 않을 때마다 더 강하게 자책하고 옥죄던 순간들이 생각났다. 하지만 희한하게도 나를 다그치면 다그칠수록 나와의 약속을 더 잘 지키기는커녕 삐딱해진 마음이 정반대 방향으로 폭주를 일으켰다. 마치 매번 다이어트에 실패하는 것과 비슷했다. 완전 채식을 철저히 지키는 사람도 많겠지만, 나와 같은 부류의 사람들은 처음 계획과 달리 실패를 거듭하면 자책하거나 계획을 아주 포기하기도 하는 것이다. 그러나 이렇게 부정적인 감정을 동반하는 축소주의 생활은 잘못된 것이었다. 구체적인 지향점은 정하되 내가 할 수 있는 만큼을 인정하고 스스로 칭찬하며 응원하는 훈련이 중요하다는 것을 깨달았다. 요가에서도 무리하면 부상을 당하기 마련이다.

습관적으로 자신을 혼내는 사람에게 필요한 간단한 훈련이 있다. 요가와 수많은 자책의 시간을 통해 터득한 것인데, 자책할 때마다 칭찬도 하나씩 해 주는 것이다. 이번 달은 고기를 꽤 먹었지만 난방을 줄인 것은 잘했다고. 지난주에는 플라스틱을 꽤 배출했지만 합성 세제의 사용을 꾸준히 줄여 나가고 있으니 참 잘했다고 말이다. 환경을 위한다는 마음의 핵심은 변하지 않은 채 그 안에서 자신이 할 수 있는 만큼 성취해 간다면 환경과 개인의 정신 건강이라는 두 마리 토끼를 다 잡을 수 있다. 내가 나를 인정하고 칭찬하는 일보다 힘이 되는 것은 없다. 축소주의를 실천하는 모두가 자책과 포기보다는 자부심과 만족감을 가졌으면 한다.

오늘도 거실에 매트를 깔고 앉아 언젠가 멋있는 요가 동작을 완성하는 내 모습을 상상한다. 하지만 그보다 중요한 것은 오늘의 내가 어디까지 할 수 있는지 깨닫고 그만큼이라도 할 수 있어 감사한 마음을 느끼는 것이다. 완벽하진 않더라도 어제보다 수월하게 동작을 완성하는 그 순간 환희를 느낀다. 사바사나(요가에서 마지막 휴식을 취하는 시간)를 하고 있는 내 얼굴에 미소가 맴돈다.

목 차

1장.   내가 먹지만 지구가 사는 길

음 식 에 관 한 축 소 주 의

2장.   배출의 민족이 되지 않기 위하여

쓰 레 기 에 관 한 축 소 주 의

3장. 땅 불 바람 물 마음
자원과 에너지에 관한 축소주의

4장. 맥시멀한 생각, 미니멀한 생활
물질 소비에 관한 축소주의

1장
내가 먹지만 지구가 사는 길

음식에 관한 축소주의

나는 소를 먹지 않아

"나는 소를 먹지 않아. 닭고기, 돼지고기는 아직
먹어. 단지 소고기는 전혀 먹지 않아."

그것이 그녀의 축소주의였다. 그때 나는 영국에
서 만난 미국 친구 메건의 집에서 저녁 식사를 하고 있었
다. 메건의 남자친구 마르코는 이탈리아인이었는데, 고향
집에서 공수한 올리브 오일과 토마토 소스로 환상적인 맛
의 볼로네제 파스타를 만들어 주곤 했다. 마르코의 볼로
네제 파스타는 돼지고기 소시지와 다진 소고기가 들어간
파스타로, 한국에서 먹던 것과는 차원이 다른 감칠맛이
났다. 고기 냄새가 살짝 거북하긴 했지만, 그 정도는 참을
수 있을 만큼 토마토 소스가 훌륭했다. 그는 친구들에게
볼로네제 파스타를 대접할 때면 소고기를 먹지 않는 여자
친구를 위해 바질 페스토 파스타나 뇨끼를 함께 내어 왔
다. 그때 처음 먹어 본 바질 페스토 파스타의 신선한 충격
을 아직도 잊지 못한다. 메건은 무교였다. 다른 고기는 먹
지만 소고기 또는 돼지고기 등 특정 고기만 먹지 않는 사

람들은 대부분 종교적인 이유일 가능성이 크다. 그러나 메건의 마음을 움직인 것은 유튜브에서 본 소에 관한 다큐멘터리였다고 한다.

> **"육식 자체도 나쁘지만 특히 소가 문제야. 소가 얼마나 환경을 오염시키는지 알게 되면 절대 소고기를 먹을 수 없을걸."**

당시 나는 고기를 끊어야만 한다면 마지막으로 끊고 싶은 것이 소고기일 정도로 소고기를 좋아했기 때문에 그녀의 말을 대수롭지 않게 흘려들었다. 하지만 그 이후로 소고기를 접할 때면 잔잔히 머릿속을 떠나지 않는 궁금증이 소환되어 어느새 유튜브를 검색하고 도서관을 오가게 되었다. 나는 다큐멘터리 「소에 관한 음모(Cowspiracy)」와 제레미 리프킨의 『육식의 종말』을 접한 뒤 비로소 메건의 의지를 이해할 수 있었다. 스테이크와 햄버거를 즐겨 먹는 미국에서 온 메건이 웬만한 의지를 갖지 않는 한 소고기를 끊기 어려웠을 것이다.

1만 년 전 이 지구에는 야생동물이 전체 개체의 99%를 차지하고 있었지만 1만 년 후인 오늘, 인간과 인간이 키우는 가축이 98%를 차지했다. 그동안 다양한 생물이 멸종했고 현재 멸종 위기에 처했으며, 생태계는 이미 어지럽게 파괴되고 있다. 가까운 과거인 100년 전과 비교해도 세계 인구는 대략 7배나 증가했다. 이 짧은 기간 동안 경제가 발전하며 중산층이 증가했고, 귀했던 고기에 대한 수요도 급증했다. 가축은 사람의 10배 이상 급속도로 수가 늘어났고, 매일 어마어마한 사료와 물을 흡수하고 있다. 급격히 늘어난 인구와 더불어 사람들이 유독 선호하는 몇 가지 가축이 대량 생산되며 다양한 부작용이 발생했다. 이를 버티다 못한 지구는 여러 가지 신호로 우리에게 도움을 요청하고 있다. 먹는 욕구가 무엇보다 강한 인간이 하루아침에 고기를 끊을 수는 없을 것이다. 하지만 브레이크를 밟지 못하겠으면, 속도라도 줄여야 하지 않을까?

소고기는 전 세계적으로 가장 인기 있는 육류이기도 하다. 소는 장내 세균이 만들어 내는 메탄가스를 다른 동물보다 월등히 많이 배출하는데, 실제로 자동차보다 유독가스를 더 많이 내뿜는다. 메탄가스란 이산화탄소보다 20배가 강력한 온실가스이며, 대기 중에 12년간 머물 수 있다. 현재 전 세계 온실가스의 18%는 축산업에서 발생한 것이다. 간단히 말해 세상의 모든 교통수단에서 나오는 가스보다 소의 트림과 방귀에서 배출되는 메탄가스가 지구 대기에 86배나 더 해롭다는 뜻이다. 아무리 전기차와 하이브리드 차를 몰고 다녀도 우리가 고기를 줄이지 않는 이상 들끓는 지구의 온도를 급격히 낮추기는 힘들 것이다. 이런 현실 때문인지 호주에서 소의 메탄가스 배출량을 줄이는 사료를 개발한 사례가 있다. 메탄 발생 억제제인 3NOP(3-nitrooxypropanol)을 사료에 섞어 소에게 먹이면 소의 장내 세균이 메탄가스를 생성하는 것을 방해해 소가 배출하는 메탄가스를 13% 줄이는 데다가 체중은 더 늘리는 효과가 있어 만족하는 생산자가 많다고 한다. 하지만 이는 메탄가스를 줄이는 데 약간의 도움을 줄 뿐 적극적인 방법은 아닐뿐더러 동물의 자연스러운 생리 현상을 인위적으로 통제하는 인간 중심적인 대책이기에 불편한 마음이 든다. 인간의 방귀가 대기에 해롭다고 하여 장내 유익균을 모조리 없애 버리는 주사가 있다면 과연 우리는 자신과 자녀에게 그 주사를 투여할 수 있을까?

　　육식을 줄이면 물을 아끼는 데 일조할 수도 있다. 대한민국은 물 부족 국가. 한 번쯤 들어 본 말일 것이다. 물을 아껴야 하니 샤워는 되도록 짧게 해야 하고 양치할 땐 컵을 사용해야 하며 구두쇠들은 변기에 소변을 세 번쯤 모아 물을 내린다는 이야기도 있다. 모든 행동이 유의미하지만 좀 더 간단하고 효과적인 방법은 바로 고기를 줄이는 것이다. 오늘 점심에 먹고 싶었던 햄버거를 참고 먹지 않았다면 2,500 *l*의 물, 즉 두 달 치 샤워 분량의 물을 절약한 셈이다. 가족 세 명이 저녁 식사로 소고기를 먹는 대신 채식을 한다면 9,500 *l*의 물, 즉 반년 동안 샤워하는 분량의 물을 아낄 수 있다. 고기 한 덩이에서 눈으로 볼 수 있는 수분의 양은 얼마 되지 않더라도 집약적인 공장식 축산은 수질 오염과 담수 부족에 밀접한 관련이 있다. 수질 오염은 물이 정화되는 시간보다 오염의 속도가 더 빠르므로 문제가 된다. 미국에 있는 가축들만 따져 보더라도 1초에 53톤의 분뇨를 배출하며, 이는 강과 바다로 흘러간다. 또한 가축은 사람보다 그 수가 약 10배 더 많기 때문에 이들이 마시는 물의 양과 사료를 재배하기 위해 소모되는 농업용수의 양은 실로 어마어마하다. 이 지구상에서 먹을 수 있는 물 가운데 30%가 가축을 키우기 위해 사용되는 것이다. 따라서 물을 아끼기 위해서라면 육식을 줄이는 것이 적극적인 방법이 될 수 있다.

육식은 토양 오염과도 밀접하다. 미국의 가축이 1초당 배설하는 53톤의 분뇨는 1년이면 뉴욕, 도쿄, 파리를 비롯한 전 세계 주요 13개 도시를 모두 덮어 버릴 수 있는 양이다. 가축은 인간보다 130배 많은 분뇨를 배출하고, 배설물에서 발생한 질소로 인해 토양은 곤욕을 치르고 있다. 토양이 오염되는 것은 곧 건강한 토양의 부족으로 이어진다. 게다가 덩치 큰 소들이 발굽질을 하고 풀을 뜯었던 땅에는 더 이상 풀이 자라지 않고 사막화가 진행되는데, 가축에 공급할 사료를 재배하기 위해서는 매년 더 넓은 땅이 필요한 것이다. 지구 한편에서는 10억 명의 인간이 굶어 죽고 있는데, 또 다른 곳에서는 전 세계 곡물 생산량의 절반을 가축의 사료로 쓰고 있다. 오로지 가축을 먹이기 위해 경작이 가능한 땅의 35%를 사용하고 있고, 아마존 산림 지대의 91%가 이미 사라졌으며, 그 자리엔 사료 재배를 위한 목초지가 만들어졌다. 산림이 사라진다는 것은 생태계의 파괴뿐만 아니라 이산화탄소를 흡수하여 산소를 내뿜는 나무가 부족하다는 것을 의미하고, 이로 인해 대기 오염과 기후 변화가 가속화하는 악순환이 형성된다. 완전 채식주의자와 육식주의자에게 필요한 땅의 면적을 비교해 보면, 육식주의자는 가축과 가축이 먹을 사료를 키우기 위한 면적까지 포함해 채식주의자보다 무려 18배 더 넓은 땅이 필요하다. 혹시 이 지구는 육식주의자들이 살기엔 터무니없이 좁은 것은 아닐까?

사실 육식 위주의 식생활이 환경에 해롭다는 것을 안다 해도 정작 눈앞에 보이는 하늘이 파랗고 나무가 푸르르면 왠지 바비큐가 생각나면서 식욕이 돋고 굳이 고기를 줄여야 하는지 의문이 들 때가 있다. 그럴 때면 나는 나와 가족의 건강을 생각한다. 대부분 고기를 먹지 않으면 단백질은 어떻게 섭취하는지 의아해하는데, 단백질은 식물만이 합성할 수 있다. 동물성 단백질은 식물성 단백질의 재활용일 뿐이며, 식물만 먹어도 단백질은 충분히 섭취할 수 있다. 사실 우리에게 필요한 영양소는 채소를 통해 모두 얻을 수 있다. 하지만 고기를 많이 섭취하면 영양소와 함께 콜레스테롤이나 각종 질병을 함께 얻는다. 과도한 육식은 고혈압, 당뇨와 같은 생활습관병을 유발하고 기타 동맥 질환과 뇌졸중, 대장암과 같은 심각한 병도 초래한다. 우유나 요거트, 치즈와 같은 동물성 식품은 유방암, 호르몬 불균형, 그리고 알레르기 등의 자가 면역 질환과 관련이 있다. 하지만 채소를 많이 먹었다고 채소독에 중독된다거나 기생충에 감염된다거나 영양실조에 걸리는 사람은 요즘 환경에서 보기 힘들다. 오히려 여기저기에서 더 많은 채소를 섭취하라고 권장한다. 영양과 관련하여 여러 가지 반대되는 논점이 있지만, 단순히 생각해 보아도 채소를 많이 먹어서 병들어 죽었다는 사람보다 고기를 많이 먹어서 병들어 죽었다는 사람을 더 많이 볼 수 있다.

우리는 습관처럼 고기와 동물성 식품을 먹고 있을지도 모른다. 특별한 계기가 없으면 살면서 단 하루도 채식을 해 볼 생각조차 못할 수 있다. 채소보다 고기를 현저히 많이 먹는 우리의 식습관이야말로 영양 불균형의 상태가 아닐까. 균형을 찾기 위해서라도 채소의 양을 늘리고 고기의 양을 줄여야 한다. 특별히 고기가 먹고 싶은 날이 아니라면 하루 식사를 전부 채식으로 해결해 보는 건 어떨까. 실은 내가 어떤 맛을 더 좋아하는지 발견하는 계기가 될 수 있다. 다양한 채소 음식을 맛보며 더 넓은 요리 세계를 탐구할 수도 있다. 우선 늘 먹던 음식에서 고기를 제외하고 다른 식물성 단백질로 대체해 보자. 이를테면 김치찌개에 고기 대신 두부를 넣고, 김밥에 햄과 달걀지단 대신 유부를 넣어 보는 것이다. 시도해 보지 않으면 유부김밥이 생각보다 훨씬 맛있다는 사실을 알 수 없고, 우유가 들어가지 않은 두유라테의 은근한 매력을 알 기회가 없다. 어느 카페에서 오트밀 우유를 넣은 오트밀라테를 정말 맛있게 마셨던 기억이 난다. 익숙한 듯 새로운 시도가 신선하게 느껴졌다. 식으면 다소 비린 맛이 나는 카페라테보다 오트밀라테나 두유라테가 개인적으로 입맛에 맞다. 하지만 나는 역시 김치찌개에는 돼지고기를 약간 넣어야 손이 간다. 이렇게 취향껏 채소 섭취를 늘리다 보면 음식 선택의 범위가 넓어진다. 새로운 음식을 시도하는 일이 나에겐 너무 재미있다. 일부러 시도하지 않았다면 몰랐을 맛의 세계다. 만약 아이에게 우유나 계란 알레르기가 있다든지 햄버거병이나 E형 간염 바이러스 때문에 고기를 먹이기 걱정된다면 채소 위주의 식습관을 형성해 두는 것이 도움이 될 것이다.

나는 내 식단에서 모든 육식을 축소하기로 했다. 한두 번 해 보니 그렇게 어렵지 않았다. 중요한 건 내 기준에서 어디까지 육식을 줄일 수 있는지 아는 것이다. 한동안 장을 볼 때 고기를 전혀 사지 않았다. 하지만 단번에 습관을 바꾸니 금세 나와의 약속을 어기게 되었고, 그럴 때마다 자책했다. 괜한 자격지심 때문에 채식주의자들이 얄미워지기 시작했다. 이것이 계기가 되어 나의 의지와 실천력에 대해 잘 알게 되었고, 나만의 방식을 조금씩 만들어 갈 수 있었다. 스트레스 받지 않고 편하게 채식 습관이 형성되도록 조절하면서. 요즘은 장을 볼 때 되도록 동물성 식품을 적게 구매하고 두부나 현미, 시금치 등 식물성 단백질이 풍부한 식재료를 더 많이 구매한다. 콩을 발효시켜 만든 템페도 도전해 봤는데 아쉽지만 친해지려면 아직 시간이 필요한 듯하다. 회사 구내식당에서 밥을 먹을 때는 고기반찬의 비율을 채소반찬의 절반 정도로 줄이려고 한다. 외식하러 나가면 비건 식당이나 카페를 찾아다녀 본다. 이렇게 얼마간 채식인의 눈으로 세상을 보니 시야가 넓어지는 기분이 들었다. 먹기 전에는 인증샷을 찍는다. 배달 음식이든 외식이든 집밥이든 사진을 모아 보면 식습관의 변화를 눈으로 확인할 수 있어 좋다. 무엇을 먹었는지 돌이켜 보면 환경을 챙기면서 나와 남편의 건강까지 챙긴 기분이라 뿌듯하기도 하다. 사진이 아니더라도 어떤 방식으로든 식단을 기록해 놓는 것은 좋은 방법이다. 음식이야말로 내 몸을 이루는 물질이니 중요하게 다루고 싶다.

나는 내가 채식주의자라고 말하지 않는다. 하지만 환경을 위해 채식 위주의 식사를 하며 고기는 의식적으로 줄이려 한다고 대답한다. 고맙게도 남편은 고기보다 과일을 더 좋아해서 채식 위주의 식생활을 잘 따라 준다. 우리 부부는 바깥 음식을 일주일에 한두 번 정도 먹고 주로 집에서 요리한 집밥을 먹는다. 내가 할 수 있는 선에서 최선을 다해 채식 위주의 밥상을 차린다. 다큐멘터리 「소에 관한 음모」에서 나오듯 당신이 오늘 하루 완전 채식을 했다면 물 $4l$, 곡물 20kg, 산림지 $2.8m^2$, 그리고 한 마리의 동물을 살린 것이다. 나는 내가 할 수 있는 한 더 많은 물과 곡물, 더 넓은 산림, 그리고 셀 수 없이 많은 동물을 구하고 싶다.

사라진 물고기의 행방

어려서부터 수영을 곧잘 한 나는 바다를 참 좋아했다. 도시에서 나고 자란 내게 바다란 피서 철에나 가볼 수 있는, 항상 멀기만 한 곳이었다. 언젠가 창문을 열면 손톱만큼이라도 바다가 보이는 곳에 살고 싶다고 막연히 생각해 왔던 내가 34년 만에 그 소원을 이루게 되었다. 결혼과 동시에 염원대로 바닷가 마을로 이주하게 되었고, 이제는 창문을 열면 두 손으로도 가려지지 않는 바다가 매일 눈앞에 펼쳐진다. 노을 질 무렵 태양 빛이 바다에 보석처럼 반사되는 것을 보며 언제까지고 이 아름다운 풍경을 지켜 주고 싶다고 다짐한다. 바다 색깔은 참으로 신비하다. 하늘 색깔에 따라 바다 색깔도 조금씩 다르게 보인다. 노을이 질 때면 하늘과 함께 바다의 색도 다채로워진다. 바람이 세차게 불면 높은 파도가 일고, 수평선이 얼마나 흐릿한지에 따라 그 날의 미세먼지 농도를 가늠한다. 예전에는 멀게만 느껴졌던 바다가 이제 매일 날씨에 따라 변하는 모습을 직접 볼 수 있을 정도로 가까이 있다. 지구의 대부분을 차지하는 바다는 기후 변화의 영향을 고스

란히 받는다. 아니, 어쩌면 기후 변화로부터 지구를 지키고 있는지도 모른다. 산업혁명 이후 하루에 히로시마 원자폭탄 약 35만 개가 터지는 것과 같은 수준의 원폭 에너지가 대기로 방출되고 있는데, 그중 90%를 바다가 흡수한다. 바다가 무너지면 기후 변화는 더 빨리 진행될 것이고, 이 지구는 인간이 살아갈 수 없는 환경으로 바뀔지도 모른다. 좋아하는 바다를 보호하기 위해 나는 무엇을 할 수 있을까?

육지에서는 안정적인 산소 공급을 위해 산림을 보호해야 하듯 바다의 숲인 산호를 보호하는 것이 중요하다. 산호는 물고기가 알을 낳고 쉴 수 있는 서식지인 동시에 산소를 내뿜는 바다의 나무다. 해양 생물 25% 이상이 산호초를 서식지로 삼기 때문에 물고기를 섭취하는 수억 명의 인간도 그 덕을 보고 있는 셈이다. 또한 해초와 맹그로브 숲은 막대한 양의 탄소를 저장한다. 하지만 이들은 온도에 민감하여 지구 온난화로 수온이 상승하면서 점차 살아남기 어려운 환경에 처했다. 산호가 죽으면 해양 생물은 집을 잃고, 온실가스를 흡수하는 바다의 능력이 떨어져 지구의 온도는 더 올라간다. 환경은 순환하므로 함께 살기도 하지만 함께 죽기도 한다. 결국 온실가스의 주범인 대규모 축산업, 공장, 교통수단의 온실가스 배출, 산림 파괴 등의 문제를 해결하지 않는 이상 바다도 함께 회복되지 못한다. 해양 생물의 서식지를 파괴하는 해안 개발, 해안 농업, 해안림 벌채 등이 무분별하게 이루어지지 않도록 지켜보는 것은 개인이 할 수 있는 일이다.

바다는 기후 변화뿐만 아니라 육지에서 배출되는 화학 물질과 플라스틱 등 각종 폐기물의 영향을 받는다. 코에 빨대가 박힌 거북이나 플라스틱으로 위가 가득 찬 물고기 사진은 이미 유명하다. 플라스틱과 비닐은 물론이고 인간과 가축의 분뇨, 방사능, 수은 등의 중금속까지 바다에 유입된다. 오염의 속도와 정도가 바다의 자정 능력을 넘어선 지 오래다. 오염된 환경에서 물고기는 마치 스펀지처럼 중금속을 흡수한다. 작은 물고기는 좀 더 큰 물고기에게 먹히고, 큰 물고기는 작은 물고기의 중금속을 모두 흡수한다. 그 물고기는 더 큰 물고기에게 먹히고, 결국 먹이사슬 상위에 있거나 심해에 사는 상어, 연어 같은 어종은 하위에 있는 어종보다 중금속 수치가 현저히 높아진다. 그렇다면 최상위 포식자인 인간은? 애초에 우리가 배출한 오염 물질보다 더 많은 오염 물질을 되레 먹고 있을지 모른다. 일본 원전 사고로 이미 바다는 상당 부분 방사능에 오염되었다고 하며, 미세 플라스틱 문제도 급부상하고 있다. 이렇게 바다가 훼손되었는데, 물고기는 먹어도 되는 것일까?

　개인적으로 가장 좋아하는 어류는 오징어와 동태다. 하지만 안타깝게도 이 둘은 예전에 비해 매우 귀해졌다. 어릴 적에는 집에 마른오징어 간식이 끊이지 않아서 귀한 줄 몰랐는데, 요즘 마트에서 장을 볼 때면 가격을 보고 깜짝 놀란다. 개체 수가 많이 줄어들어 '금징어'라고 불릴 정도로 가격이 높아진 것이다. 오징어뿐만 아니라 국내산 명태는 이제 거의 찾기 힘들다. 시중에서 많이 판매하는 러시아산 동태도 방사능 걱정에 먹기가 꺼려진다. 명절 때마다 빠지지 않고 등장하는 것이 동태전인데, 왜 국내산 동태는 없는 건지 의아했다. 수산물에 관해 의문이 생긴 것은 이번이 처음이 아니다. 정반대의 상황으로 너무 많이 보여서 의아했던 적이 있었는데, 그 주인공은 바로 연어다. 우리나라에서도 갑자기 유행처럼 먹기 시작한 연어는 뷔페에 단골 메뉴로 등장하더니 무한 리필 프랜차이즈가 생길 정도로 흔해졌다. 외국 길거리의 흔해 빠진 테이크 아웃 초밥집에서도 단연 연어 초밥을 가장 많이 접할 수 있다. 바다에 연어가 그렇게도 많은 걸까? 결론부터 말하면 예스와 노 둘 다다. 자연산은 줄어들고 양식은 많아졌기 때문이다.

현재 불법 조업이나 남획, 혼획 등으로 물고기가 자연적으로 번식하는 주기보다 더 빠른 속도로 어업이 이루어지고 있다. 세계적으로 인기 있는 참치, 연어, 고등어, 새우 등은 물론이고 국내에서는 명태, 오징어, 갈치, 참조기의 개체 수가 무분별한 남획으로 현저히 줄었다. 더 큰 문제는 이러한 어종과 먹이사슬에서 밀접한 관련이 있는 다른 어종들도 함께 타격을 입고 있으며, 소비자가 산란기의 물고기를 선호하다 보니 더 이상 번식할 기회조차 없이 사라지고 있다는 점이다. 매달 제철 음식을 챙겨 먹으려 노력하는 나는 포털 사이트를 검색하다가 4월의 제철 음식인 주꾸미를 발견했다. 3~4월이 주꾸미의 제철인 이유는 이때 주꾸미가 알을 배고 있기 때문이다. 주꾸미는 생태 순환기가 빠른 어종이라고 한다. 만 1년을 살다가 알을 낳고 죽는다. 이러한 어종을 알배기 때 잡아먹으면 그 개체 수는 당연히 줄어들 수밖에 없다. 현재는 개체 수 보호를 위해 5~8월을 주꾸미 금어기로 정해 두었다. 이제 알을 밴 물고기는 미안해서 먹기가 꺼려질 것 같다. 어느 날 식인종이 지구를 장악해 영양과 맛이 좋다며

임신한 여자만 골라 잡아먹는 끔찍한 풍경이 머릿속에 그려졌다. 무분별한 어업은 혼획의 문제도 야기한다. 혼획은 특정 물고기를 잡는 그물에 우연히 다른 물고기가 걸려드는 경우를 말하며, 대표적인 피해자는 바다거북이다. 드넓은 바다에서 사실상 특정 물고기 몇 가지만 골라잡는 것은 어려운 일이다. 이 과정에서 멸종 위기에 처한 어종이 의도치 않게 잡힐 수 있는 것이다. 우리나라에는 TAC(총허용 어획량)와 같은 규제가 있다. 고등어, 대게, 조개, 꽃게, 오징어, 제주소라, 오징어, 전갱이 등이 보호 대상에 속하며 연간 어획량을 규제받는다. 규제 대상에 속한다는 것은 곧 개체 수가 모자란다는 의미다. 늘 해 오던 방식대로 어업을 계속한다면 바다에 지속 가능한 미래는 없다.

그렇다면 물고기를 정화된 물에 가두어 대량으로 키우는 양식업은 괜찮을까? 안타깝게도 양식업은 또 다른 문젯거리를 불러오기에 지속 가능한 바다를 위한 근본적인 해결책이 될 수 없다. 다량의 항생제 사용으로 수질이 오염되고, 양식장에서 흘러나오는 배설물로 강과 바다에 녹조 현상이 심해지고 있으며, 축산업과 마찬가지로 막대한 사료가 필요하다. 연어를 예로 들면 연어 1kg당 다른 야생 어종 1.4kg이 필요하며, 이는 멸치 등 연어가 좋아하는 특정 어종을 집중적으로 남획하는 계기가 되어 또다시 해양 생물의 다양성을 해치는 악순환을 만든다. 동물성 사료를 줄이기 위해 콩과 같은 식물성 사료를 주면 오메가-3 EPA, DHA의 형성에 도움이 되지 않는다고 한다. 양식업의 문제점을 개선하기 위해 ASC 인증과 같이 품질과 안전성을 인증하는 제도가 있다. 예방적 항생제의 금지와 엄격한 수질 관리, 사료의 함유량 통제 등 지속 가능한 어업 방식으로 생산한 수산물에 국제 인증을 부여해 소비자가 좀 더 안전한 양식 수산물을 만날 수 있도록 해 준다. 아직은 마트에서 인증 마크가 붙은 수산물을 쉽게 찾아볼 수 없지만 빠른 시일 내로 만날 수 있기를 기대해 본다.

이제 예전처럼 억지로라도 생선을 먹어야 한다는 마음은 접었다. 하지만 생선을 통해 필수로 섭취해야 한다는 오메가-3는 그럼 어떻게 섭취해야 할까? 오메가-3는 식물에서 얻을 수 있는 ALA와 등 푸른 생선에 많은 EPA, DHA로 나뉜다. 우리가 식품에서 필수로 얻어야할 것은 ALA(알파 리놀렌산)이며, 이는 들깨나 아마씨, 치아시드를 통해 섭취할 수 있다. ALA의 섭취 없이 EPA나 DHA를 먹어 봤자 별 효과가 없을뿐더러 생선을 먹지 않고 ALA만 섭취해도 우리 몸 안에서 EPA, DHA를 생성할 수 있으며, 그래도 생선으로 섭취하겠다면 주 1~2회를 권장한다고 한다. 사람들이 오메가-3를 챙겨 먹는 이유는 과도한 육식으로 발생하는 혈관 질환을 예방할 수 있기 때문인데, 애초에 육식을 줄이면 우리 몸이 스스로 만드는 양만으로도 충분하지 않을까. 오메가-3 영양제의 원료인 크릴새우는 대량으로 남획되고 있고, 크릴새우를 주로 먹는 고래나 오징어 등 먹이사슬에 연결된 수많은 어종이 다 같이 줄어들고 있다. 오메가-3 영양제 하나로 애먼 고래까지 죽일 수 있는 것이다. 오메가-3가 부족하더라도 피부 건조증이나 안구 건조증 외에 생명을 위협하는 증상은 없다고 하며, 오히려 건강을 생각한다면 생선을 통해 섭취하게 되는 방사성 물질과 중금속에 주목해야 한다.

　　　　지난 일주일 동안 과연 얼마만큼의 수산물을 먹었는지 가만히 기록해 보았다. 알을 밴 암꽃게 두 마리 반, 구운 오징어 한 마리, 한 차례의 멸치 국물을 먹었다. 이 중 TAC 규제에 포함되는 어종은 꽃게와 오징어. 일단 국내산 해산물 중에서는 TAC 규제에 속하는 어종 위주로 축소하여 섭취하기로 했다. 바다 생태계는 시간을 두고 변할 수 있다. 작년에는 아니었지만 갑자기 멸종 위기의 빨간불이 켜진 생물도 있을 것이다. 그래서 어식을 축소하기 위해서는 관심을 두고 매년 업데이트되는 자료를 수집해야 한다. 다양하면서도 더 적은 양의 수산물을 먹기 위해서.

지구는 70%가 물로 이루어져 있고, 그중 98%가 바다다. 바다가 흔들리면 지구 전체가 흔들릴 수밖에 없다. 커다란 크기만큼 매우 귀중한 생태계를 이루고 있는 바다를 구하기 위해서라면 지구의 일원인 내가 조금만 더 신중히 선택하고 조금 덜 먹는 일이 그리 어렵지 않게 느껴진다. 40년 후에는 훨씬 더 풍성하고 건강한 생명체가 헤엄치는, 달라진 바다를 꼭 만날 수 있기를.

가짜가 되어 버린 콩

"런던의 채소들은 다 가짜야. GMO라고 들어 봤지?"

루마니아에서 온 비앙카는 텃밭에서 부모님이 기르고 수확한 채소와 과일을 먹고 자랐다. 넓은 텃밭에는 각종 채소, 과실수와 더불어 자유롭게 돌아다니는 닭과 돼지도 있었다고 한다. 비앙카의 가족은 할아버지의 할아버지 대부터 같은 자리에 머물며 거의 모든 음식을 자급자족해 왔고, 집에서 나오는 모든 식재료는 아주 신선하고 맛있었다고 한다. 기억은 희미하지만, 지금은 없어진 예전 외갓집이 생각났다. 엄마가 어렸을 때도 집에 돼지와 닭을 키우며 밭을 일궈 먹고살았다고 했다. 요즘은 시골에 가도 이렇게 소규모로 가축을 키우며 자급자족하는 집을 찾아보기 힘든데, 루마니아에는 아직도 그런 집들이 있나 보다. 정겨운 느낌이 들었다.

"우리 집에서 나는 채소는 모두 유기농이야. 맛 자체가 차원이 다르지."

물론 런던의 슈퍼마켓에서도 유기농 채소를 팔고 있었고, 비앙카도 그것을 몰랐을 리 없다. 경제 활동 때문에 런던으로 건너온 비앙카는 아마도 상대적으로 비싼 유기농 채소를 고향에 있을 때만큼 마음 놓고 먹지 못했나 보다. 비앙카는 향수에 젖어 루마니아 시골에 있는 넓고 아름다운 고향 집과 밭에 대해 한참을 설명해 주었다. 고향 집에서 남자친구와 결혼식을 올리고 싶다는 비앙카의 얼굴을 보니 예쁘고 발그레한 토마토가 떠올랐다. 엄마 미소를 짓고 있던 나는 곧 무조건 믿었던 채소가 GMO일 수도 있다는 생각에 불안해졌다. 비앙카는 GMO를 왜 가짜라고 표현했을까? 오랜 시간에 걸쳐 자연에서 자라나고 사람들이 먹어 온 작물이 아니라서? GMO는 인간이 유전자를 조작해 만든 작물로 1990년대에 들어서야 나타났다. 어떤 점이 좋건 나쁘건 간에 나는 우선 이런 생각이 들었다. 90년 이후에 태어난 아이들은 태어나면서부터 GMO를 접했을 가능성이 높고, 그들이 병들어 사망할 시기가 되어서야 GMO가 실제로 건강에 어떻게 작용하는지 조금은 알 수 있지 않을까 하는 생각. 그러니까 지금으로부터 한 50년 정도 후려나. GMO에 대해 알아보며 관련 서적과 인터넷 자료를 살펴보았다. 자료를 살펴볼수록 찬반 논란, 안전성, 과학, 미래 먹거리 등의 논란거리를

제치고 머릿속에 한 단어만이 뚜렷하게 고착되었다. 그것
은 바로 식량주권이다.

**"석유를 장악하라. 그러면 전 세계 국가를 장악하
게 될 것이다. 식량을 장악하라. 그러면 전 세계
인민을 장악하게 될 것이다."**

1970년대 중반 미국의 전 국무장관 헨리 키신
저가 세계 지배의 청사진을 이렇게 제시했다고 한다. 식량
주권을 누가 갖고 있느냐가 얼마나 중요한지 보여 주는 대
목이다. 전 세계 인구는 급증하고 있었고, 당시 소련은 키
신저와의 거래를 통해 미국에서 3천만 톤의 곡물을 사들
이기로 했다. 이 어마어마한 수요로 인해 세계 곡물 보유
고가 동이 났고, 자연스럽게 무역회사들은 밀과 쌀 가격
을 몇 달 만에 70% 이상 올릴 수 있었다고 한다. 전 세계
사람들이 주식으로 삼는 곡물의 주권을 소수의 기업이
갖고 있다고 생각해 보자. 우리가 매일 먹는 쌀에 대한 특
허가 있고, 그 특허를 소농이 소유하지 못하고 소수 기업
이 독점하고 있다면 그 기업은 상상을 초월하는 부를 축
적할 수 있음은 물론이고 세계인의 식량을 쥐고 흔드는
권력을 갖게 될 것이다. 특히 코로나19와 같은 세계적 질

병, 전쟁, 기후 변화로 재난이 거듭 발생한다면 중요한 것은 화폐가 아닌 식량이다. 금융주식보다 식량주권이 더 강력해질 수 있는 것이다. 식량주권을 독점한 기업이 있다면 자본가와 국가들이 자연스레 그 기업을 보호할 것이다. 소수 기업이 세계적인 부와 권력을 장악하는 것을 무조건 나쁘다고 할 수는 없지만, 개발도상국의 소농이 그 나라 고유의 토종 종자로 농사를 지으며 자급자족해 왔던 오랜 역사를 무너뜨리고 세계적인 초대기업에 의존할 수밖에 없는, 즉 식량주권을 빼앗는 결과를 초래한다면 이야기가 다르다. 이는 식량안보의 문제이므로 결코 가볍게 생각할 수 없다. 유전자 조작 쌀 종자에 대한 특허를 가지고 있다는 것은 24억 인구의 주식인 쌀을 직접 통제할 수 있는 길이 열리는 것과 같기 때문이다.

GM 작물은 제초제, 살충제에 내성이 강하도록 유전자가 조작되어 있다. 일 년을 수확하면 일반 작물보다 수확량이 많아 늘어난 인구와 대량화한 축산업에 필요한 사료 등 급증한 곡물 수요를 감당할 수 있다. 하지만 콩 심은 데 콩 나고 팥 심은 데 팥 난다는 말은 GMO와 거리가 멀다. GM 작물은 대부분 토종 종자와 달리 작물에서 나온 씨앗을 다시 심어도 다음 해에 싹이 트지 않는다. 종자를 또 사서 심어야 한다는 뜻이다. GMO는 종자에 대한 특허권을 가진 몬산토와 같은 종자회사에 매번 로열티를 지불해야만 한다. 또 GMO 종자를 살 때 같은 회사에서 취급하는 제초제나 살충제를 함께 구입해야만 효과적이다. 지금 이 순간에도 GM 작물은 수확량과 병충해에 강한 성질을 내세워 거대 기업과 거대 국가의 전폭적인 후원 아래 계획적으로 전 세계에 뿌리를 내리고 있다.

이런 이야기가 한국과는 거리가 멀다고 생각할 수 있으나 우리나라의 청양 고추, 금싸라기 참외, 삼복 꿀 수박의 종자 특허권도 몬산토가 소유하고 있으며, 우리의 토종 종자는 점점 사라지고 그 자리가 몬산토 소유의 GM 채소로 대체되고 있다. 2005년에 이미 무, 배추, 고추와 같은 우리나라 토종 채소 종자 중 50%가 몬산토를 비롯한 다국적 기업의 소유가 됐고 양파, 당근, 토마토는 80%가 외국계 소유가 되었다. 유엔에 따르면 2045년이면 세계 인구가 90억 명을 웃돌아 심각한 식량난에 직면하게 될 것이라고 한다. 우리나라는 식습관 변화로 인해 쌀 소비량이 현저히 줄었고, 현재 220만 톤의 쌀이 남아도는 실정이다. 반면 밀, 옥수수, 콩과 같은 곡물의 소비는 늘어났는데 이들은 대부분 수입에 의존하다 보니 전체 곡물 자급

률은 25%밖에 되지 않는다. 식량이 부족해지면 곡물 생산국은 수출을 제한할 테고 곡물 가격은 크게 오를 것이다. 토종 종자가 이제 거의 다 외국계 소유인 우리나라 역시 지금부터라도 남아 있는 토종 종자를 지켜 내 식량주권을 잃지 않도록 대비해야 하는 건 아닐지 모르겠다. 지금은 얼마나 더 많은 토종 종자가 없어졌을지, 왜 여태껏 그걸 모르고 살았는지 안타깝기만 하다. 몬산토는 2013년 기준 세계 GMO 종자 특허의 90% 이상을 보유했으며, 이는 전 세계 종자의 1/4에 해당한다. 우리가 모르고 있던 사이 식량에 대한 주권이 소수의 기업에게 넘어갔다. 현재 몬산토는 종합화학회사 바이엘에 인수되었다. GMO와 함께 제초제, 살충제 등을 판매하므로 화학 기업과 밀접한 관련이 있는 셈이다.

GM 작물이 다량의 제초제, 살충제와 연관된 이상 환경 걱정을 하지 않을 수 없다. 내가 GMO를 반대하는 주된 이유는 환경 문제다. 환경에 이롭다고 하면 다시 긍정적으로 생각할 수도 있겠지만, 지금으로서는 GMO를 도저히 찬성할 수가 없다. 아르헨티나를 예로 들면 1970년대에 비해 2000년대에 콩을 재배하는 대지가 1,000배 이상 늘어났다. 대부분 GM 콩을 재배하기 위한 경작지다. 아르헨티나는 콩과 더불어 다양한 채소와 가축을 키워 왔지만 이제 땅의 대부분을 GM 콩이 장악했고, 토착민 소유의 농지는 물론 대규모 산림도 벌채되었다. 산소 공급과 생물 다양성에 큰 영향을 미치는 아마존과 같은 지구의 귀중한 산림이 GMO를 키우기 위해 없어지고 있다. 중요한 건 이렇게 환경을 파괴하면서까지 생산한 GM 곡물의 대부분이 굶어 죽는 사람들의 식량이 아닌 가축의 사료로 쓰인다는 것, 그렇게 축산업이 커질수록 환경 오염도 가속화되는 악순환이 거듭된다는 것이다. 우리가 GM 작물을 직접 먹지 않더라도 GMO 사료를 먹고 자란 동물을 먹게 되면 어쩔 수 없이 GMO를 체내에 흡수하게 된다. 또한 다양했던 지구의 농작물은 급속도로 단조로워졌다. 대표적으로 유전자 조작 콩, 옥수수, 유채 등이 전보다 1,000배 이상 지구의 면적을 장악해 식량의 다양성을 위협하고 있다. 더군다나 제초제에 내성이 있기 때문에 화학 약품 또한 무분별하게 남용되며 이로 인해 토양마저 급격히 황폐해지고 있다. 드넓은 GMO 밭에서는 제초제를 공중에서 살포하는데, 인근 농민들이 키우는 작물과 가축은 물론이고 사람에게까지도 영향을 끼쳐 모든 생명체의 건강이 피폐한다. 사람들은 부작용으로 설사, 메스꺼움, 구토, 피부 손상을 겪을 수 있다. GMO

경작지 부근에서 동물들이 심각한 기형 상태로 태어났다는 보도도 있었다. 제초제뿐만 아니라 곡물 수확량을 늘리기 위해 비료를 지나치게 사용하면 작물에 일부 흡수되고 남은 질소와 인이 호수나 바다로 흘러든다. 그 영향으로 식물성 플랑크톤이 과다 번식해 적조나 녹조 현상이 발생하고 산소 결핍이 생긴다. 몬산토는 그들이 개발한 제초제 '라운드업 레디'를 사용하면 보통 콩보다 화학 물질을 훨씬 덜 쓰게 된다고 광고했지만, 실제로는 끈질기게 잡초가 새로 생겨나 제초제를 오히려 종전의 3배 이상 써야 하는 것으로 밝혀졌다.

많은 과학자들이 GMO는 인체에 해롭지 않다고 말하고 있다. 90년대에 비로소 나타난 작물에 대해 이토록 빠르고 단호하게 결론을 내릴 수 있다는 사실이 놀랍다. 인간에게 해가 되는 증거를 발견하지 못했다는 이유로 GMO 사업을 이렇게 빨리 확장해도 되는지 의문이다. 1997년 말, 영국 스코틀랜드에서 푸스타이 박사가 쥐를 상대로 실험한 GMO 연구는 가히 충격적이었다. 이 연구는 어떠한 후원도 받지 않은 세계 최초의 독립적인 연구였는데, 그때 GMO를 먹인 쥐의 간과 심장 크기가 현저히 작아지고 면역체계는 약해졌다. 가장 놀라운 것은 뇌의 크기가 확연하게 작아졌다는 사실이다. 연구를 마친 푸스타이 박사는 TV 프로그램에 출연했다. 공포심을 퍼트리지 않기 위해 최대한 부정적인 사실을 배제한 채 간략히, 그러나 솔직한 의견을 담아 연구 결과를 발표했고, 그다음 날 연구소에서 해고되어 모든 동료들과 연락이 두절되었다고 한다. 그 이후로 GMO 동물실험을 독립적으로 진행한 사례는 거의 없으며, 대부분 몬산토나 록펠러 재단과 같이 GMO에 우호적인 단체가 후원하는 연구로 진행되었다.

GMO가 건강에 당장 적신호를 켜는 독극물과 같다고 말하는 것이 아니다. 인간의 건강을 위협할 가능성이 낮고 GMO로 인해 사람이 직접적으로 사망한 경우도 없었기에 GMO를 굳이 반대하지 않는 사람도 있다. 현재로서는 GMO의 조작된 유전자가 우리에게 정말로 어떤 영향을 끼치는지 확인된 바 없이 아마도 안전할 것이라는 무책임한 추측만 있을 뿐이다. 상황이 이렇다 보니 동물실험에서 확인한 암과 면역체계 저하, 작아진 뇌 등의 결과가 우리의 미래를 말해 주는 것은 아닐지 충분히 의심해 볼 만하다. 더불어 한 가지 분명한 것은 강력한 제초제와 살충제를 수반하는 GMO가 광활한 토양과 산림을 황

폐하게 해 지구의 건강을 해치고 있다는 사실이다. 지구에 좋지 않으면 지구의 일부인 사람에게도 결코 좋을 수 없다. 런던의 사회과학연구소 소장인 메이완 호 박사는 이렇게 말했다.

> "유전자 조작 생물체(GMO)를 만들기 위해서는 완전히 새로운 유전자를 만들거나 유전자를 조합해서 생물의 유전체에 끼워 넣는다. 그러나 GMO에 찬성하는 과학자들의 말과 달리 그 과정은 전혀 정확하지 않다. 그것은 통제할 수 없고 믿을 수 없는 과정으로, 대개는 숙주 유전체에 해를 입히거나 그것을 엉망으로 만들어 놓는다. 그로 인해 빚어질 수 있는 결과는 도저히 예측할 수 없다."

현재 법적인 GMO 표시 기준에는 승인된 GMO 5종(콩, 옥수수, 면화, 유채, 사탕무)과 이를 원재료로 가공한 가공식품이 포함되며 식용유, 간장 등은 제외다. 우리나라는 GM 식품을 가공한 후에 유전자 변형 DNA 또는 단백질이 남아 있는 가공식품에만 GMO 표시를 하게 되어 있는데, 실상 이 기준에서는 가공식품 대부분이 GMO 표시 대상에서 벗어난다. 반면 EU와 중국은 DNA나 단백질 잔

류와 관계없이 무조건 표시하도록 규정하고 있다. 비의도적으로 GM 작물이 섞일 경우 허용 수치는 3%이며, 미국과 중국은 이것마저 전혀 허용하지 않는다. 우리나라는 현재 사료 및 식용으로 감자, 옥수수, 콩, 면화(목화), 유채(카놀라), 사탕무, 알파파 등의 GM 작물을 수입하고 있다. 원재료만 이렇다는 것이고 원재료를 함유한 수많은 가공식품, 즉 통조림, 카놀라유, 두부, 빵, 과자 등과 간장, 고추장 같은 각종 조미료, GMO 사료를 먹인 축산물까지, 따져 보면 알게 모르게 엄청난 양의 GMO를 섭취하고 있을 것이다. 우리나라 국민 1인당 연간 쌀 소비량이 65kg인데, 2014년의 1인당 GM 작물 섭취량은 무려 45kg였다고 한다. 이렇게 많이 먹고 있다는데 장을 볼 때 GMO 표시를 본 적 없는 것 같다면 이는 기분 탓이 아니다. 법적 제재가 너무도 느슨하여 GMO 표시는 의무 사항이 아니었던 것이다. GMO 완전 표시제가 조속히 시행되어야 한다.

나는 내 식단에서 GMO를 축소하기로 했다. GMO를 반대하며, 가능하면 GM 작물은 먹고 싶지 않다. 소비자로서 GMO와 non GMO를 가장 쉽게 구별할 수 있는 방법은 바로 GMO 표시제일 것이다. 국민의 식량주권과 소비자의 알 권리를 위해 GMO 완전 표시제는 국가 차원에서 반드시 실시해야 한다. 정체를 알고 난 뒤 먹을지 먹지 않을지 선택하는 것은 소비자의 권리다. 현재로서는 국가적 노력이 없는 한 개인이 완벽하게 GM 작물을 보이 콧하는 것은 불가능해 보인다. 다만 우리는 소비자로서 안전한 먹거리를 위해 시장을 감독하고 제대로 된 것에 소비하는 습관을 들여야 한다. 그리하여 우리나라와 다른 국가들이 고유의 토종 종자를 지켜 나가고, 지구와 인간의 건강을 되찾고, 전 세계인이 그들의 아주 당연한 식량 주권을 뺏기지 않기를 소망한다.

아보카도 너마저

2000년대 초반, 캐나다 유학 시절에 아보카도를 처음 먹어 보았다. 처음 맛본 아보카도는 캘리포니아롤 속에 들어 있었다. 김밥에 단무지가 빠지지 않듯 캘리포니아롤에는 아보카도가 빠지지 않는다. 롤에는 다른 재료도 함께 들어가 있어 아보카도 본연의 맛이 무엇인지 느낄 틈이 없었는데, 어느 날 친구가 아보카도를 너무 좋아한다며 통째로 썰어 먹는 것이었다. 어떤 맛인지 궁금해 한 조각 집어 먹자마자 도로 뱉을 뻔했다. 느끼하기만 하고 과일답게 새콤달콤하지도 않은 걸 무슨 맛으로 먹냐며 얼굴을 찡그렸던 내가 지금은 그 매력을 너무도 잘 안다. 먹다 보면 은은하고 고소한 맛에 사로잡힌다. 이름도 원산지도 그렇게 이국적이면서 어쩌면 그렇게 한국식 밥과 잘 어울리는지. 그래서 한국인의 입맛도 단숨에 휘어잡았나 보다. 요즘 식당에 가면 아보카도 덮밥, 아보카도 샐러드 등 아보카도를 흔히 접할 수 있어 그 인기를 실감하곤 한다. 약 10년 동안 한국의 아보카도 수입은 15배나 증가했고 중국은 7년 동안 무려 1,000배나 증가했다고 한다. 하지만 완전 채식을 하는 일부 비건은 아보카도 섭취를 지양하는 추세이며, 가디언지에 따르면 영국 일부와 아일랜드의 식당에서는 더 이상 아보카도 메뉴를 판매하지 않는다고 한다. 아보카도에 무슨 문제라도 있는 것일까? 과일과 채소는 일단 많이 먹고 보는 것 아니었나?

공장식 축산업의 문제와 같은 맥락으로 과일이든 채소든 한 종류만 과도하게 생산하면 탈이 난다. 수요가 급증한 아보카도를 생산하기 위해 멕시코에서는 산림을 파괴하고 아보카도 농장을 만들었다. 멕시코 미초아칸 주에서는 매년 여의도 면적의 50배가 넘는 숲이 사라지고 있단다. 아보카도는 나무에서 열리니 그나마 괜찮지 않을까 생각할 수 있겠지만 자연 산림과 달리 농장은 엄청난 물을 소모하고 비료와 제초제를 사용할 수밖에 없다. 이는 환경 오염과 직결되며, 산림 파괴로 대기 오염까지 유발할 수 있다. 칠레 페토르카 지역의 주민은 식수 부족에 허덕이는데 아보카도 농장에서는 하루에 1,000명이 사용하는 물과 동일한 양의 물을 사용한다고 하니, 피해 보는 사람과 이득 보는 사람이 따로 있는 불평등 문제도 무시할 수 없다. 더군다나 아보카도는 거의 대부분의 나라에서 자급자족하지 않고 수입하기 때문에 운반에 따른 탄소발자국도 기후 변화에 영향을 미친다. 채소라고 모두 지속 가능한 식품은 아니다. 따라서 아보카도는 아주 가끔씩만 먹기로 했다. 전 세계인의 사랑을 받지만 생산지는 한정된 바나나, 아스파라거스, 아몬드, 커피도 환경에 좋지 않은 영향을 끼치는 채소 및 과일로 분류된다. 커피 없이는 못 살고 뭐든 하나에 꽂히면 한동안 같은 음식을 매일 먹을 수 있는 사람이지만 환경을 위해 내 입맛을 어느 정도 양보하기로 했다. 의식적으로 고기, 과일, 채소 모두 한 가지만 치우치게 섭취하지 않고 적당히 골고루 먹는 습관을 들이고 있다.

아보카도가 선풍적인 인기를 끈 것처럼 우리나라에서는 슈퍼푸드라고 한번 주목을 받으면 불티나게 팔리다가 곧 인기가 수그러드는 유행 패턴이 반복된다. 한때 아로니아가 엄청난 인기를 끌자 전국에 아로니아 농장이 늘어났다. 하지만 늘 그렇듯 인기가 식자 그 농장들은 막심한 피해를 입게 되었다. 이렇게 유행 따라 단종 재배를 하면 병충해를 입었을 때 자칫 그 품종이 멸종할 수 있고, 공생하는 다른 식물과 곤충, 동물의 서식지가 파괴될 수 있어 위험하다. 이를 예방하기 위해 소비자는 온갖 광고에 휘둘리지 않고 소신껏 자신의 다양한 소비 패턴을 유지해야 한다.

환경윤리학자 비어드 캘리코트는 채식주의야말로 환경에 심각한 손해를 끼친다고 주장하는데, 그 이유 중 하나는 공장식 축산업과 마찬가지로 채소도 기계적, 화학적 방식으로 생산된다는 것이다. 모든 사람이 채식을 하면 더 많은 화학 비료와 방부제, 제조체, 살충제 등이 사용되므로 환경에 좋을 것이 없다는 뜻이다. 공장식 축산업이 환경에 안 좋다는 이야기를 들었을 때 나는 오로지 축산업에 문제의 초점을 두었는데, 더 큰 문제는 '공장식'에서 나오는 것이었다. 캘리코트는 환경을 위한다면 육식, 채식을 떠나 기계적, 화학적 방식에 반대되는 방식으로 생산한 식품을 먹어야 한다고 주장한다. 이를테면 야생 동식물 또는 과수원, 농장, 텃밭에서 직접 기른 동식물을 먹거나 로컬 유기농 식품을 먹는 것이다. 나로서는 야생 동식물을 섭취하는 것은 현실적으로 불가능하고 개인 텃밭이나 농장도 소유하지 않았으므로 되도록 국내산이나 내가 사는 제주의 유기농, 무농약 식재료를 찾아 먹는다. 육식을 할 때에도 국내산 무항생제 고기나 동물복지 달걀을 섭취하기로 했다. 또한 단종 재배로 인한 피해가 생기지 않도록 유행하는 식품을 편파적으로 섭취하지 않고, 생소한 토종 식재료도 시도해 보고, 모든 음식을 골고루 균형 있게 먹으려고 노력한다. 가격은 다소 비싸더라도 옷 한 벌, 화장품 하나 덜 사는 대신 더 좋은 음식을 사 먹으려 한다. 진짜 나를 이루는 것, 즉 내 세포 하나하나를 이루는 것은 겉치장이 아닌 건강한 먹거리이기 때문이다.

제주에는 귤도 있고 바나나도 있다

겨울보다 여름을 더 좋아한다. 한껏 웅크려야 하는 회색빛 겨울보다 강렬한 태양 아래 반소매 입고 물놀이하며 수박을 먹을 수 있는 여름이 더 좋다. 하지만 제주도에 내려와서 겨울을 손꼽아 기다리는 이유가 하나 생겼다. 바로 귤 때문이다. 과일 중에 귤을 가장 좋아한다고는 할 수 없지만 제주도에서 제철에 까먹는 귤은 천상의 맛에 가깝다. 귤은 채소와 과일이 귀한 추운 겨울에도 천연 비타민C를 듬뿍 충전해 주는 참 고마운 과일이다. 대롱대롱 귤이 달린 나무와 돌담에 눈이 소복이 쌓인 풍경, 아마 제주도에서밖에 볼 수 없는 정겨운 겨울 풍경일 것이다. 제주에 내려오면 귤을 돈 주고 사 먹지 않는다더니, 지인이 하나둘 늘어 가며 우리 집도 귤을 엄청나게 얻어 먹었다. 반대로 나는 줄 것이 없어서 항상 고맙고 미안한 마음이다. 그런데도 지인들은 집에 두면 금방 썩기도 하고 귤은 계속 들어온다면서 항상 나누어 준다. 그렇게 컨테이너에 가득 찬 귤을 시도 때도 없이 까먹으며 겨울을 보내면 어느새 몸도 같이 불어 있다. 그 덕인지 몰라도 이번 겨울도 독감 한번 안 걸리고 무사히 지나갔다.

평소에 면역력을 키우는 것이 내 몸을 지키는 가장 중요한 일이라고 생각한다. 영양제를 꼬박꼬박 챙겨 먹는다거나 그때그때 유행하는 건강식품을 찾아 먹는 것보다 제철 음식을 넉넉하게 먹어 두는 것이 면역력을 더 튼튼하게 만든다고 믿는다. 제철 음식은 그 시기에 가장 영양이 풍부하고 맛있는 음식이다. 겨울에 먹는 오이나 여름에 먹는 귤도 물론 맛있지만 딱히 필요한 경우를 제외하고는 계절의 순리에 맞춰 농산물을 먹는 습관을 들이고 있다. 겨울엔 긴팔을 입고 여름엔 반팔을 입는 것처럼 당연한 일이다. 제철 음식이 아니면 값이 더 비싸기도 하다. 겨우내 잘 먹지 못했던 오이와 토마토를 여름이 되어 마음껏 먹을 수 있을 때 그 맛과 행복감도 배가된다. 제주도는 겨울에도 밭이 푸릇푸릇하다. 제주 동부는 서부와 비교했을 때 일조량이 적고 강수량이 더 많다고 한다. 그래서인지 동부에 가면 늘 구름이 많다. 그렇기 때문에 물이 많이 필요한 당근과 무를 주로 키우고, 서부에서는 햇빛을 넉넉히 보아야 하는 마늘 농사를 많이 한단다. 겨울을 이겨 낸 제주 무와 당근은 달기로 유명하다.

식물은 그 계절을 버텨 내며 자체 면역력을 기른다. 그 지역의 바람과 햇빛, 강수량의 영향을 고스란히 받아 뿌리를 내리고 싹을 틔워 열매를 맺는다. 기후를 견디고 땅의 영양소를 모조리 흡수하며 자란 농산물에는 보물 같은 자양분이 가득하다. 사람도 같은 곳에서 함께 살고 있는 또 다른 생명체이기에 지역 농산물만 한 보약이 없다. 텃밭이나 베란다의 화분에서 씨앗부터 식물을 키워 본 사람들은 알 것이다. 무거운 흙을 뚫고 나오는 야들야들한 싹 한 줄기의 힘이 얼마나 대단해 보이는지. 그렇기에 제주의 제철 지역 농산물을 주로 섭취하려고 노력한다. 제주에는 무농약 레몬과 바나나도 나기 때문에 농약과 방부제, 그리고 아주 긴 탄소발자국을 가진 수입산 열대과일 대신 제주산 과일을 구매한다. 물론 국산 농산물이라면 고민 없이 구매하지만, 같은 상품인데 제주산이 있다면 웬만해서는 지역 농산물을 더 사 먹으려고 하는 것이다. 지역 경제를 살릴 수 있을 뿐 아니라 탄소발자국을 남기는 장거리 운송을 줄일 수 있기 때문이다. 제주도에 다른 지역 물건이 들어오려면 항공이나 선박을 이용해야 하므로 아무래도 석유를 더 사용하게 된다.

몇 해 전 추석에 제주산 표고버섯을 사려고 마

트를 돌아다닌 적이 있었다. 유명 대형 마트에 갔는데 표고버섯은 많았지만 제주산은 없었다. 레몬과 바나나도 마찬가지. 그곳에서는 제주산을 판매하지 않았다. 대형 마트의 시스템상 로컬 식재료를 로컬 지점에서 바로 판매하기 어려울 것으로 추측한다. 하지만 바로 근처의 재래시장이나 협동조합에 가면 지역 농산물을 쉽게 구할 수 있다. 더 싱싱한 것은 말할 것도 없다. 제주도에서 농업으로 먹고사는 분들이 많은데 제주도에 있는 유명 대형 마트에서는 제주산을 거의 팔고 있지 않다는 사실이 씁쓸했다. 제주산 농산물이 있다면 굳이 비행기 타고 온 과일이나 채소를 먹지 않아도 된다. 특히 수입 과일인 레몬이나 바나나는 금세 상한다. 먼 나라에서 과일을 수입해 들여오려면 다 익지 않은 상태에서 수확해 어마어마하게 방부제를 뿌릴 것이다. 그리고 그것은 비행기나 배를 타고 대단히 많은 탄소를 배출하며 들어올 것이다. 반면 지역 농산물은 상대적으로 금방 수확한 것이 많고 방부제가 적으며 배출하는 탄소도 적다. 장을 볼 때 원산지를 살피고 가능하다면 국산 상품을 사는 것은 좋은 습관이다. 당연히 우리 것으로 생각하는 된장, 고추장, 간장도 성분표를 확인하면 의외로 수입 재료를 사용한 것이 많다. 두부 한 모를 사더라도 수입 콩이 들어 있는지 확인하고 웬만하면 국산 콩 100% 두부를 사 먹으려고 노력하는 것. 내 몸에도 좋고 환경에도 좋고, 더불어 지역 경제까지 살리는 의미 있는 행동이 될 것이다.

2장
배출의 민족이 되지 않기 위하여

쓰레기에 관한 축소주의

Re-Use, Reduce

2008년 간호학생 시절 미국으로 연수를 다녀왔다. 기숙사에서 생활하고, 연계된 학교와 병원을 오가며 실습을 하는 프로그램이었다. 한국에서 같이 온 학생들끼리 장을 봐서 저녁도 차려 먹고 점심 도시락도 싸며 생활했는데, 그때 미국은 쓰레기를 배출하는 방식이 한국과는 아주 다르다는 것을 알게 되었다. 지금은 어떤지 모르겠지만 당시만 해도 뉴저지 주에서는 분리배출을 하지 않아도 되었다. 한국인이 들으면 뭔가 죄짓는 기분이 들 수도 있는데, 실제로 우리가 살던 기숙사에서는 음식물 쓰레기, 플라스틱, 종이를 모두 비닐봉투 하나에 담아 일반 쓰레기로 배출했다. 한국에서는 쓰레기를 분리해 배출하는 것이 너무도 당연한 일이었기 때문에 미국 같은 선진국이 분리수거를 하지 않는다는 사실은 가히 충격적이었다. 당시 수업 시간에 미국의 정치가이자 환경운동가 앨 고어의 다큐멘터리 영화 「불편한 진실(An Inconvenient Truth, 2006)」을 시청할 기회가 있었다. 다큐멘터리에서는 미국이 전 세계에서 환경 오염에 가장 큰 책임이 있다고 말했고, 내 머릿속엔 음식물과 온갖 쓰레기가 뒤엉켜 있는 쓰레기봉투가 떠올랐다. 쓰레기를 버리는 사소한 습관에서 환경을 대하는 미국인의 생각을 알 것만 같았고, 쓰레기 버리는 행위를 환경에 대한 책임감의 척도로 볼 수 있지 않을까 생각했다.

집 근처를 산책하다 보면 누군가 산책로에 버린 쓰레기를 적지 않게 볼 수 있다. 담배꽁초, 음료수 캔이나 플라스틱은 귀여울 정도다. 커다란 비닐로 꽁꽁 묶은 정체불명의 쓰레기를 투척하고 가거나 배달 음식을 시켜 먹고 그 흔적 그대로 두고 가는 사람들도 있다. 작은 쓰레기는 바람에 날려 가면 그다음엔 어떻게 되는지 알 수 없지만 흙에 박힌 쓰레기나 제법 무거운 쓰레기는 여러 날이 지나도 같은 자리에 있어 관찰하기가 쉽다. 수개월이 지나도 그대로인 그 쓰레기들은 아마 수십 년은 있어야 완전히 분해될 것이다. 담배꽁초는 분해되는 데 1~3년, 종이는 6개월, 비닐은 20년, 플라스틱은 400~500년이 필요하다고 한다. 제주 해안가에도 해양 쓰레기가 무척 많은데, 이 쓰레기들은 대체 어디로 가는 것일까? 결국에는 매립되거나 소각될 텐데, 이 많은 것이 전부 그렇게 되는 것일까? 매립하면 땅이 오염되고 태우면 공기가 오염될 텐데,

한정된 이 땅에서 매일 수억 명의 사람이 배출하는 쓰레기를 어떻게 해결하고 있을까?

나는 우선 쓰레기 처리 과정에 대해 알아보기 시작했다. 쓰레기는 대부분 매립하거나 소각한다. 매립은 그저 땅을 파서 묻으면 끝인 줄 알았는데 의외로 친환경적으로 이루어지는 곳이 있었다. 인천의 수도권매립지에서는 기후변화협약에 따른 교토의정서의 CDM(청정개발체제) 사업의 일환으로 매립 후 분해 과정에서 발생하는 황화수소와 같은 가스를 모아 증기 발전의 연료로 사용하고 전기를 생산한다. 수도권매립지관리공사에 따르면 2018년 기준 매립 가스로 생산한 전력은 약 2.6억kWh/년인데, 이는 4인 가구 기준으로 6만여 가구에 공급할 수 있는 양이라고 한다. 쓰레기를 연료로 사용하는 스웨덴에서는 쓰레기가 모자라 오히려 쓰레기를 수입한다는 말은 들어 보았는데, 우리나라에서도 이런 방법을 사용하고 있는지 몰랐다.

스웨덴은 소각하여 연료를 얻는 방법을 사용한다. 다만 쓰레기를 무분별하게 소각하면 다이옥신과 같은 유해 물질이 대기에 배출되기 때문에 알맞은 규칙이 필요하다. 시골에서는 종종 텃밭에서 나온 쓰레기와 플라스틱을 포함한 생활 쓰레기를 함께 태우는 경우가 있는데, 이는 명백히 환경에 해로운 행위다. 나도 시골에 살다 보니 가끔씩 뭔가를 태우는 냄새가 날 때가 있는데, 날이 좋으면 온종일 창문을 열어 놓기 때문에 꽤 스트레스를 받는다. 하지만 쓰레기 소각도 친환경적으로 처리할 수 있다. 아산환경과학공원 내에 있는 쓰레기 소각장은 하루 최대 200톤의 쓰레기를 소각해 에너지로 전환한다. 환경오염제어시설을 갖추고 있어 소각 후에는 담배 연기보다 깨끗한 연기를 배출한다. 전환한 에너지는 공원 내의 냉난방 시설에 사용하거나 인근 공장에 열을 판매하기도 하고, 마을 주민은 폐열을 이용해 대규모로 세탁물을 처리하는 사업을 운영한다. 제주도도 가연성 생활 폐기물을 연료화하여 연간 100억 원의 전력 판매 수익을 목표하고 있다는데, 어쩔 수 없이 배출되는 쓰레기라면 이렇게 좀 더 친환경적인 방법으로 오염을 줄이는 기술이 계속 개발되었으면 하는 바람이다.

하지만 아무리 좋은 기술도 애초에 쓰레기를 줄이는 일보다 중요하지는 않다. 쓰레기를 처리하는 과정에서 어쨌든 온실가스가 배출되기 때문이다. 쓰레기를 전혀 배출하지 않고 살 수는 없으니 완벽한 제로 웨이스트는 아니더라도 배출을 축소하는 일은 누구나 시도해 볼 수 있다. 일상에서 쓰레기를 줄이고 싶다면 가장 자주 쓰는 것부터 일회용이 아닌 다회용으로 바꾼다. 일회용품을 사용하더라도 세척해 여러 번 사용하려고 애써 본다. 일단 가장 많이 사용하는 것은 단연 휴지다. 우리 집은 식사할 때 티슈를 많이 쓰는 편이었는데, 지금은 손수건이나 안 쓰는 천을 잘라 냅킨으로 사용하고 있다. 천 냅킨으로 입을 닦으면 포근한 빨래 냄새도 맡을 수 있고, 기름이나 이물질이 더 잘 닦인다. 제로 웨이스트를 실천하는 어느 유튜버는 화장실에서도 천을 사용하던데, 나는 그 정도까지 할 자신은 없다. 하지만 장을 보거나 쇼핑할 때는 포장재가 더 적은 제품으로 사려고 살피며, 배달이나 포장 음식도 자주 먹지 않도록 노력한다. 또한 매달 배출하는 생리대를 줄이기 위해 쓰레기가 전혀 나오지 않는 생리컵과 면 생리대를 사용하고 있다. 생리컵을 사용하고 나서 정말이지 신세계를 맛보았기 때문에 내 주변에 생리컵 예찬을 듣지 못한 사람은 거의 없을 정도다. 은근히 자주 소모하는 수세미도 생분해가 쉬운 천연 수세미나 천으로 사용하고 있다. 천 수세미는 물이 묻으면 조금 무겁지만 뽀득뽀득 깨끗하게 잘 닦여서 매우 만족한다. 주기적으로 삶아서 사용할 수 있으며 미세 플라스틱 걱정도 없다. 최근에는 음식물 쓰레기 봉투도 생분해 가능한 것으로 대체했다. 괜찮은 일회용기나 지퍼백은 잘 씻어서 구멍이 날 때까지 사용한다. 이렇게 생활 속 쓰레기를 축소하다 보면 의외로 괜찮은 제품을 새로 만날 수 있고 살림살이도 아낄 수 있다. 그럴 때면 마치 지속 가능한 현재를 살고 있는 기분이 든다. 리사이클(Recycle)도 좋지만 한 번 더 리유즈(Re-Use) 하여 쓰레기를 리듀스(Reduce) 해 보면 어떨까.

썩기 전엔 음식일 뿐

음식물 쓰레기를 버릴 때마다 한승태의 에세이 『고기로 태어나서』가 생각난다. 이 책을 읽고 적잖이 놀랐던 기억이 난다. 다큐멘터리에서 조각조각 보았던 축산업의 실태를 이렇게까지 적나라하게 묘사한 매체는 처음이었다. 그중에서도 개 농장 내용은 엄청난 충격이었다. 내가 쉽게 접할 수 있었던 그 어떤 매체에서도 개 농장을 이토록 노골적으로 소개한 적이 없었던 것이다. 한국에서 보신탕집은 어렵지 않게 찾아볼 수 있는 반면 시골에 가도 개 농장은 쉽게 찾아볼 수 없다. 개 농장은 은밀한 곳에서 특별하고도 열악하고도 저렴한 사육 방식으로 운영된다. 열거하자면 끝도 없겠지만 다른 축산업과의 한 가지 큰 차이점은 바로 사료다. 다른 축산업은 인증 제도나 규제가 확실히 마련되어 품질 좋은 고기를 위해 사료에도 공을 들이지만, 별다른 규제가 없고 꾸준한 소비층은 있는 개 농장에서는 고급 사료가 필요 없다. 하루에도 끝없이 쏟아지는 음식물 쓰레기를 심지어 돈을 받고 수거해 개에게 먹이로 준다. 음식물 쓰레기를 사료로 만든다는 이야기는 들어 본 적 있지만, 개 농장에서는 제대로 된 사료화 단계가 빠져 있다. 물도 마시지 못하고 마치 토사물과 같은 그것만 죽을 때까지 먹는 개들을 떠올리면 음식물 쓰레기를 배출할 때마다 마음이 무겁다. 시골에서는 흔히 남은 밥을 가축에게 주기도 하지만, 개 농장에서 주는 부패할 대로 부패한 음식물 쓰레기는 아직 음식 상태인 남은 밥과는 완전히 다르다.

우리나라는 2017년부터 조류인플루엔자(AI) 바이러스 전파 가능성 때문에 수분이 14% 이상 남은 음식물로 습식 사료를 만들어 닭, 오리 등 가금류에 급여하는 것이 금지되었고, 2019년 7월 25일부터 아프리카돼지열병(ASF)이 발생할 우려가 있어 음식물류 폐기물을 직접 생산하여 돼지 먹이로 사용하지 못한다. 동물복지는 물론 공중위생을 위해서라도 음식물 쓰레기를 가축에게 급여하는 것은 맞지 않아 보인다. 이런 이유로 음식물 쓰레기를 사료화하는 것조차 완전히 반대하는 사람들도 있다. 음식물 쓰레기로 비료를 만들기도 한다. 음식물 쓰레기를 하수 슬러지와 혼합해 지렁이에게 먹이로 준 후 지렁이가 배출한 분변을 퇴비로 사용한다. 또한 미생물을 이용해 퇴비로 만들고 거기서 발생한 바이오가스를 연료로 사용할 수도 있다. 하지만 아직은 광범위하게 친환경적인 방법은 없어 보이며, 비료나 사료보다 오히려 개 농장이나 해양 폐기에 상당 부분 의존하고 있는 현실이다. 이런 현실이 걱정된다면 지금과 같은 습관을 유지해서는 안 될 것이다. 음식물 쓰레기를 조금이라도 축소해야 한다.

음식물 쓰레기의 분류 기준을 보면 의외의 사실을 알게 될 때가 있다. 수박은 쪼개서 음식물 쓰레기로 배출해도 괜찮지만 통수박은 안 된다. 파인애플 껍데기는 일반 쓰레기지만 코코넛 껍데기는 음식물 쓰레기다. 복숭아, 살구, 감의 씨앗은 일반 쓰레기이며 그 껍질은 음식물 쓰레기다. 녹찻잎을 포함한 찻잎은 일반 쓰레기다. 이렇게 분류해서 배출하는 까닭은 앞서 말한 것과 같이 음식물 쓰레기를 사료나 비료로 재활용하기 때문이다. 따라서 잘 분류하는 것도 중요하지만 양념을 씻어서 염분이 높지 않은 상태로 배출하는 것도 중요하다. 음식물 쓰레기의 67% 이상이 가정에서 나오는데, 그중 재료를 손질하면서 발생한 쓰레기가 51%, 남은 음식은 37%, 상한 음식은 10%다. 원인은 43%가 필요 이상으로 음식을 만들기 때문이고 28%가 계획 없이 식품을 구매하기 때문이다. 나머지 33%의 음식물 쓰레기는 식당과 급식에서 발생하는데, 식당에서는 소비자가 풍성한 상차림을 좋아하기 때문에 넉넉히 차리다 보니 음식물 쓰레기가 나온다고 답했다. 차린 것이 많아 다 먹지 못하고 나오는 게 정상인 듯 여겨지는 한정식집 상차림이 떠올랐다. 해외에서는 식당에서 남은 음식을 포장해 가는 것이 당연한데, 반찬 서비스가 좋은 한국에서는 남은 음식을 포장하는 일이 거의 없는 것 같다. 포장이 활성화되면 그만큼 일회용품 사용도 늘어날 테니 또 다른 환경 문제가 발생할 수 있기도 하다. 먹을 만큼 시키고 되도록 남김없이 먹는 것이 최선이다. 그러려면 남더라도 푸짐한 것을 선호하는 관행부터 깨야 한다. 필요한 만큼만 먹는 올바른 식습관을 길러야 한다. 새삼 절밥이 얼마나 친환경적인지 깨닫는다.

언젠가 푸짐하게 한 상 차려 먹고 배부른 상태로 접시에 남은 반찬을 바라본 적이 있다. 아직 따듯하고 신선한데 어차피 먹지 않을 것이라고 생각하니 바로 음식물 쓰레기로 보였다. 이것을 버리면 부패되어 사료가 될 테고, 그 사료를 먹은 고기를 우리가 다시 섭취할 것이다. 혹은 바다에 버려진다면 물고기가 먹을 것이고, 우리는 또 그 물고기를 먹게 될 것이다. 씁쓸한 마음으로 꾸역꾸역 잔반을 처리하고 나면 다음 날에는 양을 조금 줄여 상을 차리는 나를 발견한다. 식사할 때 음식을 거의 남기지 않는 편이지만 재료를 손질하다 보면 어쩔 수 없이 껍질 등의 쓰레기를 배출하게 된다. 사과, 감자, 무와 같이 껍질째 먹어도 불편하지 않은 것은 껍질까지 먹지만 곰팡이가 피거나 신선하지 않은 식재료는 버리게 된다. 재료가 상하는 이유는 한꺼번에 대량으로 사 두기 때문인데, 귀찮아서 2~3주에 한 번씩 장을 몰아 보는 습관 탓이다. 이제는 좀 더 싱싱한 음식을 먹기 위해 일주일 단위로 장 보는 습관을 들이고 있다. 채소는 껍질로 스스로를 방어하기 때문에 껍질째 먹으면 채소의 면역력까지 덤으로 얻게 된다. 따라서 채소는 최소한으로 손질해 껍질과 씨앗에 있는 영양도 듬뿍 섭취해 보자.

음식물 쓰레기를 축소하는 것은 개인이 직접 할 수 있는 일이지만 그래도 음식물 쓰레기는 나오기 마련이다. 음식물 쓰레기 처리에 대한 친환경적 정책이 뚜렷하지 않은 이상 관련 법은 물론 사각지대가 발생하지 않도록 정부를 감시하는 일도 환경을 생각하는 민주 시민이 할 수 있는 일일 것이다.

오늘도 열심히 분리배출을 한다

플라스틱, 비닐, 종이, 스티로폼, 병, 캔을 따로따로 모은다. 이물질이 묻은 것은 물로 헹구고 스티커도 웬만해선 떼어 버리고 분리배출 마크도 일일이 확인해 본다. 종류별로 모아 버리고 나면 뭔가 개운하기도 하고 일반 쓰레기를 버릴 때보다 마음이 뿌듯하기도 하다. 소각되거나 매립되지 않고 재활용될 것들이니까. 하지만 입구가 좁은 용기나 다 쓴 치약 같은 튜브 제품은 내부를 세척하기 귀찮아 그냥 버리기도 하고 유리병의 모든 스티커를 다 떼어서 버리는 경우도 많지 않다. 분리배출 마크가 없어도 재질이 비슷해 보이면 분리배출로 넣어 버리는 일도 허다하다. 기준에 맞추어 완벽하게 재활용품을 구분해서 버리는 사람이 과연 몇이나 될까. 언젠가 TV 프로그램에서 수많은 재활용품이 컨베이어 벨트 위에서 분주히 이동하고, 여러 사람이 그것들을 솎아 내는 광경을 본 적이 있다. 그래, 누군가 검사하고 있구나. 안도되는 순간이었다. 하지만 그 후에는 어떻게 되는지 문득 궁금해졌다. 당연히 재활용될 거라는 생각으로 분리배출을 하고 있지만 과연 재활용이라는 것이 어떤 방식으로, 얼마나 이루어지고 있는 것일까?

먼저 내가 살고 있는 제주시의 홈페이지를 살펴보기 시작했다. 시청의 재활용마당에는 재활용 방법이 친절하게 나와 있었으나 그 지역의 재활용품이 결론적으로 어떻게 순환되고 있는지는 나와 있지 않았다. 하지만 링크가 하나 연결되어 있었고, 그렇게 순환자원정보센터라는 곳을 처음 알게 되었다. 그곳에서는 주로 폐자원을 사고파는 행위가 이루어지고 있었고, 재활용 관련 업체들이 보는 곳인 것 같았다. 대충 둘러보아도 플라스틱은 돈이 되거나 인기 있는 폐자원이 아니라는 생각이 들었다. 공업 폐기물이 인기 있어 보였고, 생활 폐기물 중에서는 그나마 유리병이나 종이류가 조금 보였다. 비닐류를 포함해 가장 많이 배출되는 플라스틱을 다루는 업체는 적어 보였다. 물론 이곳 외에도 다른 웹 사이트나 오프라인 정보가 있을 수 있다. 다만 유명 포털 사이트의 날씨 정보처럼 생활 폐자원의 실제 재활용 현황을 쉽게 볼 수 있다면 좋지 않을까 생각했다.

그래도 순환자원정보센터에서 평소 궁금했던

폐자원 순환 과정을 조금이나마 알 수 있었다. 일단 폐기된 플라스틱 용기 등을 파쇄 및 세척한다. 이후 용융, 압출, 냉각, 절단 과정을 통해 플라스틱 통, 의자, 박스, 부직포 등을 만든다. 비닐도 마찬가지로 분쇄, 용융, 압출, 절단, 냉각, 프레스 성형, 냉각 응축 등의 단계를 거쳐 재생유, 고형 연료, profile 재생 용품 등으로 재탄생한다. 이런 과정에서 각기 다른 업체가 수집운반업, 중간처리업, 최종처리업 등의 업무를 나누어 담당하게 되는데, 이 중 어느 한 단계를 맡는 업체가 없거나 모자라면 재활용 과정도 순탄치 못하다. 또한 단계별로 담당 업체가 마련되어 있더라도 모든 폐자원이 재활용되는 것은 아니다. 재활용하기 까다로운 재질이 있기 때문이다. 'OTHER' 등으로 표기된 복합재질이나 색이 짙은 맥주 페트병 같은 폐기물은 아무리 분리배출을 한다 해도 재활용이 어렵다. 페트병은 다공성 물질이라 식음료의 잔류물 분자를 흡수한다. 잔류물을 모두 소독할 정도로 열을 가하면 플라스틱이 손상되므로 재활용할 수 있는 폐기물이 적을 수밖에 없다. 카페에서 자주 사용하는 일회용 컵도 소재가 제각각이며 로고가 인쇄된 경우 추가 공정이 필요해 대부분 폐기된다고 한다. 플라스틱 병의 뚜껑도 재활용이 힘들고, 펌프 용기의 스프링은 분리하기가 어려워 그냥 폐기된다. 자원순환

정보시스템의 통계에 따르면 2016년 국내에서만 연 2백만 여 톤의 플라스틱 폐기물이 나왔는데, 전반적으로 이물질이 많고 재활용이 어렵게 만들어져 있으며 매수하는 가격도 비싸다고 한다.

플라스틱이 대중화된 건 1950년대다. 불과 100년이 되기도 전에 지구는 플라스틱 때문에 골머리를 앓고 있다. 재활용되는 것보다 압도적으로 더 많은 플라스틱이 생산되기 때문에 문제가 발생한다. 플라스틱 재활용이 활발히 이루어졌다면 태평양 한가운데 플라스틱 섬이 만들어지는 일은 없었을 것이다. 안타깝게도 우리가 분리배출한 플라스틱의 오직 10%만이 재활용되고 나머지 90%는 대부분 바다에 버려지고 있다. 해마다 전 세계인의 몸무게를 합친 것과 같은 4백만 톤의 플라스틱이 생산되고, 지구 전체의 해안을 따라 빼곡히 놓을 수 있는 양이 다시 폐기되고 있다. 수많은 해양 생물이 플라스틱으로 배가 가득 차거나 찔리는 등 몸이 훼손되어 죽고 있고, 바다에 버려진 플라스틱은 돌이 마모되어 모래알이 되듯이 마모되고 마모되어 더 이상 작아질 수 없는 크기의 미세 플라스틱이 된다. 이 미세 플라스틱은 물에 떠다니고 물고기의 체내에 쌓이고 결국 물고기와 물을 섭취하는 인간의 몸에도 쌓이게 된다. 최근에는 유명 생수와 화장품에서도 미세 플라스틱이 검출되어 종종 논란이 되고 있다. 네이처 지오사이언스지에 따르면 전 세계 미세 플라스틱 오염 지역 2위와 3위로 한국의 인천 및 낙동강 하류가 선정되었다고 한다.

몰랐던 사실이 점점 더 밝혀지는 시점에서 당장이라도 플라스틱을 끊고 싶지만 일상에서 가장 흔히 접하는 포장재가 바로 플라스틱과 비닐이다. 다행히 요즘은 플라스틱을 줄이기 위해 전 세계인이 적극적으로 행동하고 있다. 지속 가능한 미래를 위해 플라스틱을 줄이는 기업과 친환경 제품도 많아졌다. 스타벅스는 플라스틱 축소주의를 선언했고, 국내 카페 매장에서는 플라스틱 컵의 사용이 금지되었다. 런던에서 일했던 셀프리지 백화점은 이미 수년 동안 'Project Ocean'이라는 주제로 전시를 주최하고 텀블러 등을 판매하는 플라스틱 제로 캠페인을 실천하고 있다. 백화점 내에 생수병 반입을 금지하고 식품관에서도 플라스틱 병 안에 든 생수는 팔지 않는다. 관광객과 젊은 층이 많이 찾는 트렌디한 백화점이 'Project Ocean'으로 인해 더욱 빛나는 느낌이다. 아디다스는 6년 안에 모든 신발과 의류에 들어가는 플라스틱을 재활용된 원료로 사용할 것이라고 했고, 현대홈쇼핑은 아이스팩을 재활용하기 위해 아이스팩 수거를 요청하면 이에 따른 포인트를 지급한다. 국내 브랜드 플리츠마마와 캐나다 브랜드 Matt&Nat도 재활용 페트병으로 근사한 가방과 패션 제품을 만든다. 뚜껑 없이 음료를 마실 수 있게 디자인한 테이크 아웃 종이컵이 있는가 하면 밀랍 랩, 실리콘 지퍼백, 농산물에 직접 새기는 레이저 라벨 등 기발한 아이디어가 넘쳐 난다. 인간의 좋은 머리는 이런 걸 개발하라고 있는 것 아닐까.

이러한 신제품이 현실 속으로 자연스럽게 스며들기까지는 오랜 시간이 걸리겠지만 그동안 우리는 각자 자신이 할 수 있는 선에서 플라스틱을 최대한 축소할 수 있다. 가장 흔하면서 쉬운 방법은 텀블러와 에코백을 사용하는 것이다. 그래서인지 주변에서 텀블러와 에코백을 쉽게 찾아볼 수 있는데, 미국의 수명 주기 사용 에너지량 분석 연구소에 따르면 텀블러는 최소 15~40회 이상 사용해야 일회용 컵을 쓰지 않은 효과가 나타난다고 한다. 영국 환경청은 에코백을 최소 131회 이상 사용한 뒤 새로 사는 것을 권장한다. 텀블러와 에코백을 생산하는 과정에서도 탄소는 배출되기 때문이다. 환경을 위한다면 텀블러와 에코백을 너무 많이 구매하기보다 현재 가지고 있는 물건을 더 활발히 사용해야 한다. 무엇이든 구매하기 전 한 번 더 생각하는 습관을 들여 보자. 장을 볼 때나 화장품을 살 때도 플라스틱 용기가 아닌 유리병이나 종이, 캔에 담긴 식품을 구매한다든지 플라스틱이나 비닐에 담긴 제품을 고를 땐 OTHER류를 제외하고 포장이 간소한 제품을 고르는 것이다. 마트에 갈 땐 집에 있는 비닐봉지를 가지고 가서 채소 등을 담을 때 재사용하고 샴푸, 린스, 베이킹 소다와 같은 세제는 고체 형태의 제품을 사용하거나 대용량이나 리필용으로 구매해 용기 배출을 조금이라도 줄여 본다. 무엇보다 재사용할 수 있는 용기, 포장재 등은 버리지 않고 일상생활에서 다시 쓴다. 우리가 열심히 플라스틱을 축소하는 동안 기발한 친환경 제품을 개발하는 사람들도 늘어날 것이다.

나는 인간의 기술력을 믿는다. 환경에 관심을 두는 사람이 점점 많아져도 실제 일상에서는 무심코 플라스틱을 사용하게 된다. 소비자가 쓰면 생산 업체는 계속 찍어 내므로 플라스틱 프리에 대한 꾸준한 홍보와 인식 개선이 필요하다. 정부 차원에서도 플라스틱 생산 및 유통에 대해 강하게 규제함과 동시에 친환경 기업에 충분한 혜택을 준다면 좋을 것이다. 분리배출에서 모범적인 모습을 보이는 만큼 다른 분야에서도 조금만 더 성숙한 시민 의식을 가진다면 환경을 지키는 데에도 앞장설 수 있지 않을까, 희망을 걸어 본다.

3장
땅 불 바람 물 마음

자원과 에너지에 관한 축소주의

구두쇠라고요

물을 많이 마시는 편이다. 물을 마시지 않고 두 세 시간만 지나면 타는 듯이 목이 말라 오기 시작한다. 그 답답함이 식도부터 가슴 전체에 퍼지면 맥박이 빨라질 정도다. 그래서 대중교통을 이용하거나 운전을 할 때에도 늘 작은 텀블러를 가지고 다닌다. 덕분에 화장실도 자주 간다. 한국에서는 어디서든 쉽게 정수기를 찾아 물을 마시고 공중화장실을 사용할 수 있지만, 외국에 나가 보면 한국의 정수기와 무료 공중화장실이 매우 관대한 서비스라는 것을 알게 된다. 영국에서 일했던 곳에도 정수기가 있었으나 냉온수 모두 나오는 정수기는 아니었다. 실온의 미지근한 물만 마실 수 있기에 집에서 가져온 티백으로 차를 마시려면 스타벅스에 가서 차 한 잔 값을 지불하고 뜨거운 물을 사야 했다. 내가 살아 본 캐나다, 미국, 영국에서는 수돗물을 식수로 마시는 문화가 정착되어 있었다. 영미권 영화에서 등장인물이 약을 입에 털어 넣고 수돗물을 컵에 받아 마시는 장면을 본 적 있을 것이다. 한국에서는 수돗물을, 게다가 화장실 수돗물을 받아 마시는 것은 상상도 할 수 없다. 영국의 수돗물은 석회수다. 전기 포트를 사용하고 내부의 바닥을 보면 항상 하얗게 얼룩 진 석회 찌꺼기를 볼 수 있고, 설거지 후에는 식기에 하얀 물방울 자국이 유독 선명하게 남는다. 그래서 설거지한 그릇은 자연 건조 하기보다 티타월로 정성스레 닦아 줘야 깨끗하게 유지할 수 있다. 한국에서는 그저 북유럽 스타일의 티타월이 예뻐서 구매했다. 그렇게 구매한 티타월은 거의 손 닦는 용도로 사용했는데, 영국에서 석회수 자국을 없애는 데 쓰다 보니 티타월이 유난히 서구에서 발달한 이유를 알 것 같았다. 아무튼 나는 한국 사람인지라 석회수를 그대로 마셨다가는 내 장기들이 허옇게 변해 버릴 것 같다는 상상을 하게 되었고, 결국 생수를 사 마셔 매일같이 어마어마한 플라스틱 생수병을 배출했다. 나중에 한국으로 돌아와서 설거지 후 깨끗하게 건조된 식기를 보며 얼마나 감탄했던지, 이렇게 축복받은 물은 지켜 줘야 마땅하다고 생각했다. 한국에서는 집마다 정수기를 두거나 심지어 생수를 매번 사 먹는 집이 흔하다. 하지만 수돗물이 불안하다고 계속 생수를 사 마시는 것은 근본적인 해결책이 아닐뿐더러 환경 오염이 더 심각해질 것이다. 되도록 물을 깨끗하게 사용해야 순환되어 돌아올 때도 더 깨끗할 테니 내가 할 수 있는 한 물을 아껴 쓰고 최대한 오염하지 않기로 마음먹었다.

아무리 사용하지 않은 깨끗한 물이라 해도 한 번 하수구로 흘러간 물은 수없이 많은 전기와 물, 화학 물질이 사용된 정화 과정을 거치고 난 후에야 다시 각 가정의 수도꼭지로 나오게 된다. 많이 오염된 물은 더 많은 자원을 사용해서 정화할 수밖에 없다. 일상에서 흔히 남기는 라면 국물 150ml를 정화하는 데 물 564l가 필요하고, 된장찌개 150ml를 정화하는 데에는 물 1,680l가 필요하다고 한다. 국 없으면 밥을 못 먹는 사람이었던 나는 밥상에 국물이 있어야 포만감을 느낀다. 하지만 남편은 국이나 찌개의 건더기만 먹고 국물은 잘 마시지 않는 편이다. 이것저것 넣고 오랜 시간 애써 끓여 만든 육수나 채수가 남아서 버릴 때마다 아까웠다. 버려진 국물은 수질을 오염하며, 국물 많은 음식은 위에도 부담이 된다는 점을 의식해 이제 매일 식탁에 국물 요리가 있어야 한다는 생각을 버리고 국물 없이 식사하는 습관을 들이기 시작했다. 혹시 만들더라도 육수는 남지 않을 만큼 조금씩 요리하려고 노력한다. 또한 설거지 시간이 짧을수록 수질 환경에 도움이 될 것이기에 굳이 기름을 두르지 않아도 된다면 두르지 않는 편을 선택한다. 채소는 물로도 볶을 수 있다. 에어프라이어에 만두나 생선처럼 그 자체에 기름기가 있는 식품을 구울 때도 굳이 기름을 두르지 않는다. 회사 구내식당을 이용하거나 외식을 할 때도 마찬가지다. 먹을 만큼만 담고 먹지 않을 음식은 굳이 담지 않는다. 매 끼니를 사찰 음식처럼 말끔히 비우도록 노력한다. 집에서는 손 작은 새댁이 되어 먹을 만큼만 요리하고 남기지 않는다. 매일 소박하게 상을 차려 말끔하게 먹는 것만으로도 나와 지구의 건강을 함께 챙길 수 있다.

화학 물질도 음식물처럼 정화하는 데 엄청난 양의 물이 필요하다. 일상에서 매일 사용하는 각종 세제가 전부 합성 세제로 만들어졌다면, 매일 하수구를 통해 화학 물질을 배출하는 셈이 된다. 물도 아끼고 우리의 건강도 지키기 위해 샴푸와 비누, 주방 및 세탁 세제는 되도록 합성 세제 함유량이 낮은 것으로 선택하면 좋다. 비료, 세제, 하수 처리 시설의 부산물 등에 포함된 높은 농도의 인과 질소는 물에서 인위적 부영양화를 일으키는데, 이로 인해 식물성 플랑크톤을 포함해 물속에서 광합성을 하는 미생물인 조류(藻類)가 급격히 증가하게 된다. 조류가 증가해 수면 전체를 뒤덮으면 햇빛이 물속으로 들어오지 못해 물속 식물이 죽게 된다. 또한 조류가 분해되면서 호기

성 박테리아가 증가해 생화학적 산소 요구량을 증가시키고 그에 따라 수생 동물도 죽게 된다. 친환경 바람이 불고 있는 덕분에 요즘엔 친환경 원료의 비율이 높은 세제가 많이 출시되고 있으며, 소프넛(soap nut)이라는 열매나 EM 효소를 활용하는 사람도 늘어나고 있다. 친환경 세제의 세정력은 아무래도 합성 세제보다 떨어지겠지만 크게 문제 될 일은 아니다. 오히려 화학 물질을 과도하게 사용할 때 발생하는 문제가 더욱 심각하다.

우리는 직접적으로 물을 소비하는 것 외에도 간접적으로 물을 쓰고 있다. 예컨대 청바지 한 벌을 만드는 데 7,000~11,000 l 의 물이, 티셔츠 한 장을 만드는 데 2,700 l 의 물이 필요한 것이다. 합성 섬유의 경우 매년 바다에 50만 톤의 플라스틱을 배출하는데, 이는 생수병 500억 개와 맞먹는 양이라고 하니 꼭 필요하지 않다면 쇼핑을 자제하는 것도 간접적인 물 절약 방법이 된다. 나도 시즌마다 유행하는 옷을 하나쯤은 사는 사람이었지만 불필요하고 충동적인 습관을 바꾸려 노력한 결과 몇 년간 쇼핑이 많이 줄었다. 이제 샤워할 때나 설거지할 때, 세탁할 때도 무심코 물을 쓰지 않기로 했다. 첫 번째 철칙은 물을 아껴서 사용하는 것, 두 번째 철칙은 친환경 제품을

사용하는 것, 세 번째 철칙은 가능하다면 재사용하는 것
이다. 샤워나 설거지를 할 때는 물을 최소한의 수압으로
사용한다. 비누칠하거나 설거지 도중 그릇을 정리해야 할
때는 반드시 물을 끈다. 세제도 적당한 양으로, 효과가 좋
아도 독한 세제는 일절 사용하지 않는다. 샤워는 되도록
짧게, 물로만 하는 샤워도 늘렸다. 쌀뜨물이 필요 없다면
화초에 준다. 작은 세면대가 달린 변기는 세면대에서 쓴
물을 변기 물로 다시 사용할 수 있다고 한다. 인간의 기발
한 아이디어가 환경을 지키는 열쇠라는 생각이 든다. 물
부족 국가인 우리나라에서는 어째서 이런 제품을 아직
볼 수 없는 것인지 모르겠다. 언젠가 주택에서 살게 되면
빗물을 받아 사용할 것이다. 모아 둔 빗물을 숯과 돌멩이
로 정화해 텃밭에 주고 세차도 하는 상상을 해 본다.

태양에 관리비를 납부하고 싶습니다

오늘은 미세먼지가 어떤가? 아침에 일어나 제일 먼저 하는 생각이다. 창문을 열고 얼마나 환기를 시켜야 할지는 그날의 미세먼지 상황에 따라 정한다. 우리 집에는 공기청정기가 없지만 그 대신 미세먼지 측정기를 두었는데, 외딴 지역인 데다가 바람이 많이 불어 공기청정기가 없어도 실내 미세먼지 수치가 그리 나쁘지 않은 편이다. 오히려 실외 미세먼지가 들어오기보다 음식을 조리할 때 미세먼지 수치가 더 올라간다. 공기청정기가 온종일 작동할 때 소비되는 전기와 소모품인 필터가 쓰레기로 버려져 분해되는 과정이 환경에 그리 좋지 않겠다는 생각에 공기청정기는 쓰지 않는다. 미세먼지가 많은 날 외출할 땐 되도록 일회용 마스크 대신 면 마스크를 사용한다. 미세먼지도 환경이 좋아져야 개선될 것이기에 일회용품 배출은 최대한 자제하고 있다. 그러나 이러한 개개인의 노력도 좋지만, 미세먼지 문제에 대응할 좀 더 근본적이고 효과 빠른 대책은 없는 걸까? 이에 대한 답을 올해 출몰한 코로나바이러스 덕분에 확인할 수 있었다. 미국항공우주국(NASA)과 유럽우주국(ESA)이 수집한 위성 데이터 분석에 따르면 2020년 2월 한 달간 중국에서 화석 연료 소비로 발생하는 대기 중 이산화질소가 급격히 감소한 것으로 나타났다. 핀란드 헬싱키 소재의 에너지 및 청정 대기 연구 센터(CREA)가 위성 데이터를 토대로 분석한 결과, 중국의 산업 활동은 코로나바이러스 사태로 최대 40% 줄었고 2월에는 중국 내 석탄 소비가 최근 4년간 최저치를 기록했으며 석유 소비도 1/3 이상 줄었다고 한다. 이 기간에 중국의 탄소 배출량은 25% 이상 줄어든 것으로 밝혀졌다. 중국의 대기 질 개선은 한국에도 영향을 미쳤는데, 2019년 12월부터 2020년 3월까지 미세먼지 농도가 '매우 나쁨'인 날이 전년 같은 기간에 18일이었던 것과 비교해 단 이틀에 그쳤다. 미세먼지는 비단 중국만의 책임은 아닐 것이다. 화석 연료를 많이 사용하고 생산업과 수출에 의존하는 한국 역시 미세먼지와 지구 온난화에 큰 책임이 있다. 다만 코로나바이러스로 인해 우연한 기회에 중국의 공장이 가동하지 않으면 어떤 효과가 나타나는지 체감할 수 있었다.

흙먼지는 지구 환경에서 없어서는 안 될 존재다. 우리나라에 도달하는 황사도 철분과 미네랄, 인 등의 물질을 포함하고 있어 산성인 국내의 토양을 알칼리성으로 중화해 미생물 번식을 돕는다. 또한 북태평양의 식물성 플랑크톤이 번식할 수 있도록 도우며, 하와이의 숲에도 영양분을 공급한다. 하지만 산업화가 본격화된 후 만들어진 먼지에는 황산염, 질산염 등의 오염 물질이 많다. 우리나라는 조선 시대부터 이러한 안개 같은 먼지를 연무라고 불렀으며, 국제 용어로는 스모그다. 미세먼지는 최근 몇 년간 급격히 심각해진 문제라고 생각하기 쉬우나 사실 그 수치는 2000년대 초반이 지금보다 더 높았고 2013년 이후로는 거의 그대로라고 한다. 즉 예전부터 쭉 비슷한 공기를 보고 마시며 살아왔던 것인데, 2013년 WHO에서 오염 먼지를 위험 물질이라고 규정하고 2014년 환경부에서 미세먼지라는 단어를 만들자 그때부터 사람들이 미세먼지를 갑자기 심각하게 받아들이기 시작했다. 그 여파로 마스크나 공기청정기 등 관련 상품이 새삼스레 늘어났을 것이다. 실상은 가전제품과 일회용품을 더 많이 생산하고 폐기하는 과정에서 미세먼지가 오히려 증가할 텐데, 새로운 제품을 개발하는 것보다 근본적인 해결책이 훨씬 더 시급하지 않을까. 미세먼지의 주원인은 공장에서 쓰는 화석 연료와 자동차 배기가스다. 이는 기후 변화를 일으키는 원인이기도 한데, 우리나라는 조선, 자동차, 항공 등의 산업이 발달해 세계에서 일곱 번째로 온실가스를 많이 배출한다. 미세먼지는 대기에 5일 정도 단기간 머무르고 없어지지만, 기후 변화의 여파는 수십 년에 걸쳐 나타나고 인류를 멸망시킬 수도 있는 대단히 심각한 문제다. 현재 발생하는 기후 변화의 징후는 몇십 년 전 온실가스 농도에 대한 반응이며, 지금 배출하는 온실가스로 인해 다시 몇십 년 후에 우리 후대는 지금보다 더 심각한 위기를 맞게 될지도 모른다. 아이들에게 안전한 미래를 전해 주고 싶다면 일회용 마스크를 쓰거나 공기청정기를 열심히 트는 대신 친환경 에너지를 활용한 제품을 적극적으로 사용하거나 불필요한 소비를 줄여 공장이 필요 이상으로 가동하지 않도록 만드는 것이 우선이다. 정부는 탄소 배출량이 높은 발전소를 점차 줄여야 하며, 태양열과 같은 재생에너지를 사용하는 발전소와 지속 가능한 산업을 늘려야 한다.

전기와 난방을 공급하는 발전소는 대부분 탄소를 배출한다. 국내 발전의 60%를 차지하는 화력 발전은 석탄과 석유를 태워 열에너지를 만든다. 하지만 점차 가동을 중지하고 있다. 화력 발전은 건설 입지 조건이 까다롭지 않고 건설비가 싸다는 장점이 있지만 석탄, 석유 등의 자원은 언젠가 고갈된다는 점과 온실가스를 배출한다는 문제가 있다. 게다가 열에너지를 역학적 에너지로 변환하는 열효율이 약 35% 정도이고 나머지 65%는 버려지는 폐열(생산하고 남은 전기)이 되므로 효율도 높지 않다. 열병합 발전은 폐열과 다양한 자원(쓰레기, 가축 분뇨, 식물성 기름, LNG, 폐목재 등)을 이용한 화력 발전의 일종이다. 열효율이 높고 가정용부터 1,000MW급까지 다양한 규모로 존재하며 쓰레기 소각 시 발생하는 열 또는 매립가스 등 어떤 것이든지 에너지원으로 사용할 수 있지만, 에너지원에 따라 효율이 떨어질 수 있고 대기 오염이 심하다. 쓰레기나 폐목재, 가축의 분뇨를 태울 경우 각종 황과 화합물, 질소산화물, 바이오가스 등이 배출되며, 천연가스는 수입 비용이 많이 든다. 원자력 발전소는 핵분열을 이용해 다량의 방사성 물질이 분리되며 열을 발생하는 에너지로 발전하는 방식이며, 국내 발전의 30%를 차지한다. 세계적으로는 13%를 차지하고 있고, 대부분 줄여 가는 추세이지만 한국은 원료 수급이 원활하다는 이유로 아직 원자력 발전에 많이 의존하고 있다. 원자력 발전의 장점은 일단 원료비가 싸다는 것이다. 원료인 우라늄을 재활용하기 때문에 자원 고갈의 우려가 없고, 화석 연료를 태우는 것이 아니므로 대기 오염의 위험이 낮다. 하지만 발전소 건설과 방사성 폐기물 처리에 비용이 많이 든다. 방사성 폐기물은 수백 년, 수만 년의 격리가 필요하고 자칫 잘못하면 지구적인 재앙을 불러올 수도 있다. 간혹 방사성 폐기물이 불법으로 유출된다는 뉴스를 볼 때마다 아주 많이 걱정스럽다. 그렇지 않아도 한국은 방사성 폐기물이 상당히 많이 나오는 나라이기 때문이다. 물론 대표적인 발전소들은 우리 생활에 없어서는 안 될 고마운 전기와 난방을 생산하는 시설이다. 하지만 환경에는 좋지 않다. 한국은 탈원전을 선포했지만 경수로 원전의 건설 기술이 뛰어나 해외에 이 기술을 수출한다. 덕분에 우리는 각종 전자 제품을 값싼 전기로 사용해 왔지만 우리 후대도 과연 그럴 수 있을지는 의문이다. 공기청정기, 건조기, 스타일러, 에어프라이어 등 새로운 가전제품이 계속해서 등장하는 데다 갈수록 이상해지는 날씨를 보면 전기와 난방을 아끼는 일에도 한계가 있을 것이다. 하지만 풍요롭게 에너지를 쓰며 미세먼지 없는 환경을 기대하는 것은 어불성설이다.

따라서 앞으로는 태양광, 태양열, 조력, 풍력 등의 친환경 방식으로 만든 전기를 더 적극적으로 사용해야 한다. 태양광 발전은 태양 전지를 이용해 태양의 빛을 모아 전기로 변환한다. 필요한 장소에 원하는 만큼만 설치할 수 있고, 당연히 공해가 없으며 유지 보수가 간편하다. 원료비가 없으며 오히려 남는 에너지로 수익을 창출할 수도 있다. 다만 초기 건설 비용과 유지 보수 비용이 많이 드는 편이며 일조량에 따라 설치 장소가 한정될 수 있다는 게 단점이다. 태양광 발전은 다양한 형태와 규모로 설치할 수 있다는 점이 가장 매력적이다. 작게는 스마트폰 충전기, 캠핑카 지붕, 가정집 옥상과 베란다에 설치하는 것부터 비닐하우스 지붕, 큰 건물의 창문 및 옥상, 호수 위, 대규모 공터 등 꼭 발전소가 아니더라도 일상 속 사물이나 공간에 설치할 수 있다. 개인이 한 가정에서 쓰는 전기를 생산하는 것부터 작은 발전소를 짓는 것까지 규모를 확대할 수 있는 것이다. 집마다 옥상에 패널 형태로 설치한 경우 전기는 물론 전기를 이용한 난방 시설까지 마련해 두기도 한다. 이렇게 옥상에서 생산한 전기를 마음껏 사용하고, 남은 전기는 한국전력공사로 보내면 집에 있는 전력 미터기가 거꾸로 도는 모습을 볼 수 있다고 한다. 살짝 규모를 키워 작은 발전소를 설립한다면 오히려 한전에 전기를 팔아 수익을 창출할 수 있는 구조가 된다. 김지석 수현태양에너지발전소 소장에 따르면 5천만 국민 중 약 3만 명이 3억을 투자해 1,000kW의 발전소를 세우면 우리나라 전 국민의 가정용 전기를 태양광으로 공급할 수 있게 된다고 한다. 국토의 약 0.4%를 태양광 발전으로 사용하면 온 국민이 가정에서 미세먼지 걱정 없이 친환경 에너지를 쓸 수 있는 셈이다. 우리가 모두 베란다에, 지붕 위에, 차 위에, 비닐하우스 지붕에 작은 태양광 발전소를 갖게 된다면, 엄청난 토지를 차지한 대규모 발전소 몇 개는 필요 없어질지 모른다.

얼마 전 다큐멘터리 「내일」을 보다가 덴마크 코펜하겐의 자전거 도로를 알게 되었다. 코펜하겐은 시민이 자동차 대신 자전거로 안전하게 이동할 수 있도록 자동차 도로를 좁히고 자전거 도로를 넓게 만들었다. 자전거 도로가 아닌 차도에서 달리는 자전거는 위험해 보인다. 하지만 영상에서 만난 코펜하겐의 자전거 도로는 매우 넓고 안전해 보였다. 도심에 자전거 도로가 잘 마련되어 있다면 주차하기 힘든 자동차보다 자전거를 이용하는 사람이 많아질 것이다. 코펜하겐은 도로뿐 아니라 자전거 주차 구역 등 관련 인프라가 잘 마련되어 있기 때문에 많은 시민이 자전거를 이용한다. 덕분에 자동차 배기가스가 상당히 감소했다고 한다. 한편 덴마크는 2050년까지 탄소 제로 국가가 되겠다고 선포한 후 화석 연료 대신 풍력 등 친환경 에너지를 사용해 2005년 대비 탄소 배출을 42% 감축하는 성과를 냈다. 나는 자전거는 못 타지만 3년째 매우 만족하며 전기차를 이용하고 있다. 주 5일을 출근하며 타도 한 달 유지비는 1만 원 내외로 나온다. 어렸을 때는, 아니 불과 몇 년 전만 해도 전기차를 타는 일상은 상상조차 하지 못했다. 미래는 어느덧 현실이 되어 있다. 가까운 미래에는 환경을 생각하는 현재의 또 다른 아이디어가 현실이 되어 점점 더 기후 변화를 늦출 수 있기를 기대해 본다. 인간의 기술로 이 땅을 파괴해 왔다면 인간의 기술로 이 땅을 살릴 수도 있다고 믿는다. 나는 그런 의로운 기술에 내 몫의 관리비와 세금을 기꺼이 납부할 것이다.

영상 16도

지난겨울, 난방을 한 번도 하지 않았던 우리 집의 평균 온도는 16도였다. 온도만 보면 괜찮을 것 같지만 실제로는 겨울답게 으슬으슬했다. 나는 추위를 잘 타는 체질이지만 제주도는 좀처럼 기온이 영하로 내려가지 않기 때문에 난방 제로에 도전해 보고 싶었다. 예전에는 겨울에 주로 내복을 입었는데 이번에는 입어 보지 않았던 수면바지를 구매했고, 밖에서 입을 용도로 샀던 플리스를 집 안에서 입고 다녔다. 두꺼운 양말은 겨울 홈패션의 완성이다. 창문에 에어캡을 붙이고 이중 커튼을 달았으며 곳곳에 러그를 깔았다. 침대에는 담요를 추가로 깔았고 두꺼운 이불을 덮었다. 그래도 추우면 두꺼운 이불을 두 겹 덮으려고 했는데 지난겨울이 유독 따뜻해 그런 일은 발생하지 않았다. 결과는 대성공이었다. 수면바지의 위대함을 알게 되었고 겨울 필수품인 물주머니를 예찬하게 되었다. 조그마한 물주머니는 활약이 대단했다. 물주머니에 뜨거운 물을 담아 품에 안으면 서늘한 집에서도 땀이 다 났다. 게다가 발이나 배, 어깨 등 특정 부위를 뜨끈히 지질 수 있어 참 좋다. 잘 때 이불 안에 넣어 놓으면 온돌방이 안 부럽다. 이렇게 다소 서늘하게 겨울을 나다가 설날에 부모님 댁을 방문했는데, 이게 웬걸! 난방 효율이 높지 않아 겨울만 되면 시베리아라고 부르던 친정은 오히려 훈훈하게 느껴졌고 아파트인 시댁은 더워서 혼났다. 사람은 적응의 동물이라더니 서늘한 겨울 환경에 그새 적응한 것인가. 우리 부부는 매달 관리비를 확인하며 쾌재를 불렀다. 독감주사를 맞지 않고도 감기 한 번 걸리지 않고 어느새 겨울이 지나갔다.

난방을 하지 않는 대신 뜨거운 샤워는 포기하지 못해 물 온도를 높였고, 따뜻한 차를 자주 끓여 마셨다. 물주머니 덕분에 전기 포트를 사용하는 횟수가 이전보다 많아졌지만 이 정도는 관리비에 큰 영향을 미치지 않는다는 것을 알게 되었다. 재작년 겨울에는 자주 드나드는 안방과 서재, 거실만 낮은 온도로 꾸준히 보일러를 켜 놓았다. 그렇게 따뜻하지도 않았는데 난방비는 이번 겨울과 비교해서 10만 원 이상 차이가 났다. 난방비의 주범은 난방 그 자체라는 사실을 몸소 깨달았다. 비용과 에너지 소모량은 비례하므로 난방을 하면 그만큼 에너지를 쓴다는 것이고, 어딘가의 발전소에서는 그만큼 온실가스를 내뿜고 있을 것이다. 단순히 돈을 아끼려는 목적일지라도 난방을 줄이면 환경에 이롭다.

　　서늘한 온도에 익숙해졌던 이번 겨울처럼 어떤 습관이든 처음에는 불편했던 것들이 편해지는 시기가 올 것이다. 물론 각자에게 알맞은 선에서. 나는 불필요한 가전제품과 전기를 사용하지 않기 위해 제습기를 구매하지 않았다. 제주도는 습하기 때문에 제습기가 필수라는 말을 많이 들었지만 직접 살아 보고 필요하다는 생각이 들면 구매하려고 했다. 그렇게 제주에서 3년이 지났고, 여러 가지 방법을 거쳐 본 결과 지금 살고 있는 바닷가 앞은 제습기가 필요하다고 결론을 내렸다. 여름만 되면 눅눅한 침구와 옷, 가방, 구두에 피는 곰팡이를 어떤 방법으로도 해결하지 못했기 때문이다. 경험을 통해 어느 선까지 소비하면 좋을지 수없이 고민한 끝에 나의 축소주의 규칙이 마련되었다. 약간의 불편을 감수하고 그 불편에 조금씩 적응한다면 내 규칙은 또 바뀔 수 있다. 이번 겨울에도 난방 제로에 도전할 것이다. 겨울에 우리 집을 방문한다면 서늘하고 쾌적한 공기에 한번 적응해 보시길.

기후 위기에 대처하는 집

여느 때와 같이 유튜브를 훑어보던 중 눈길을 끄는 영상을 발견했다. 광활한 자연 속에 모던한 디자인으로 지은 멋진 집을 소개하는 영상이었다. 집 안도 어찌나 아늑하게 꾸며 놓았는지 그저 근사한 건축물인 줄 알았는데, 그 집은 일명 '오프그리드(off-grid) 하우스'였다. 오프그리드 하우스는 공공시설에서 전기나 수도, 가스 등의 에너지를 공급받지 않고 모든 에너지와 물을 자체적으로 생산해 해결하는 집이다. 예컨대 TV 프로그램 「숲속의 작은 집」에서 배우 박신혜와 소지섭이 지냈던 바로 그런 집 말이다. TV 프로그램에서는 출연자가 일주일 정도만 오프그리드 하우스에서 생활하지만 실제로 오프그리드 하우스에서 일생을 사는 사람들이 있다. 그들은 태양광으로 전기를 생산해 난방도 하고 빗물을 정화해 물을 쓴다. 화장실에서는 물을 내리는 방식이 아닌 퇴비변기를 사용한다. 재래식 화장실과 달리 현대식 퇴비변기는 실제로 냄새가 전혀 나지 않는다고 한다. 오프그리드 하우스에서 생활하는 사람들은 매일 욕조에 물을 받아 목욕은

하지 못해도 에너지를 자급자족하는 생활을 자랑스러워하고 만족하며 살아간다. 영상을 보며 그들을 향한 존경심이 샘솟았다(특히 퇴비변기를 사용하는 부분에서 가장 많이 '리스펙'을 외쳤다).

지구와 인류는 현재 기후 변화 때문에 멸망의 위기를 맞았다. 과장이 아니다. 지구 평균 기온이 과거 빙하기에서 간빙기로 변하는 만 년 동안 4도가 올랐는데, 산업이 급격히 발전한 지난 100년 동안 1도가 올라갔다. 시속 100km로 달리던 자동차가 갑자기 시속 2,500km로 달리는 꼴이라고 한다. 기온이 1도 올랐을 때의 여파는 숫자 1이 주는 위기감에 비해 꽤 크다. 지구의 기온을 높이는 주범은 다름 아닌 이산화탄소다. 이산화탄소의 배출을 줄이는 방법은 채식 위주의 식사를 하고 친환경 에너지를 사용하는 것이다. 오프그리드 하우스에 사는 사람들은 환경을 보호하고 기후 위기에 적극적으로 대응하기 위해 불편을 감수한다. 어찌 보면 물도 전기도 화장실도 없는 곳에서 마치 캠핑하듯 사는 것이 꽤나 낭만적으로 느껴지기도 하지만 도시에서 나고 자란 내가 대뜸 자연으로 돌아가 집을 짓고 빗물을 정화해 살아야 한다고 생각하면 쉽지 않은 일이다. 오프그리드 하우스도 그곳에 사는 사람이 많아져야 그 효과가 눈에 보일 텐데 도시 한복판에서 퇴비변기를 사용하며 살아가는 모습은 쉽게 상상하기 힘들다. 그러던 중 '패시브 하우스'를 발견했는데, 오프그리드 하우스보다 꽤 현실적인 형태의 친환경 주택이었다.

'수동적'이라는 뜻의 패시브(Passive) 하우스는 능동적으로 에너지를 공급받아 쓰는 액티브(Active) 하우스에 대응하는 개념으로, 인위적 에너지 사용을 최대한 축소하는 대신 집 안의 열이 밖으로 새어 나가지 않도록 차단하는 등 내부의 설비만으로 실내 온도를 유지하는 방식의 에너지 절약형 건축물이다. 패시브 하우스의 연간 냉방 및 난방 에너지 사용량을 석유로 환산하면 $1m^2$당 1.5l 이하인데, 일반 주택의 평균 에너지 사용량은 16l이므로 80% 이상의 에너지를 절약하는 셈이고 그만큼 탄소 배출량을 줄일 수 있다는 의미이기도 하다. 간단히 말해 패시브 하우스는 거의 밀폐된 집을 말한다. 외부의 뜨거운 열과 차가운 공기를 최대한 막아야 에너지를 덜 쓴다는 것이다. 하지만 환기는 필요하기에 특수한 환기 시스템을 설치한다. 환기구에 열 회수형 환기 장치를 달아 공기는 순환되지만 온도는 유지되게끔 만드는 것이다. 이 시스템이 패시브 하우스의 핵심이며, 이미 꽤 많은 패시브 하우스가 여기저기 자리 잡고 있다.

평범하게 하루를 살아가는 대다수에게는 패시브 하우스에서 사는 것이 먼 이야기로 느껴질 수 있다. 한 치 앞도 알 수 없기에 우리는 지금 있는 자리에서 조금씩이나마 탄소 배출을 축소하기 위해 노력해야 할 것이다. 스웨덴에서는 환경을 위해 에너지 소비량이 높은 세탁기와 건조기를 없애고 이웃끼리 공용 세탁실을 사용하는 추세라고 한다. 반면 우리나라는 건조기, 의류관리기 등 신식 가전제품이 늘어만 가고 있다. 개개인이 물건을 구매할 때 의식적으로 환경과 에너지를 우선시하는 사회적 분위기가 조성된다면 좋겠다. 그러다 보면 에너지를 자급자족하는 집도 머지않아 현실로 다가오지 않을까.

재택근무에서 숲을 보다

    늘 꿈꿔 왔다. 직업이 한 사람의 장래 희망이 되어서는 안 된다고 생각한 때부터, 직장 생활이 개인의 신체적 정신적 건강을 침해하고 그의 정체성을 흔들면 안 된다고 생각한 때부터, 주 5일 8시간 근무는 말도 안 된다고 생각했다. 나를 만나 본 사람들은 주 3일 8시간 혹은 주 4일 6시간 근무 형태를 주장하는 나의 모습을 기억할 것이다. 이것이 업무의 효율성을 높이고 퇴사율을 줄이는 데 기여할 것이라고 늘 생각해 왔다. 일상의 대부분을, 그리하여 인생의 대부분을 비싸게 마련한 집이 아닌 직장에서 보내야 한다는 게 억울했다. 날씨 좋은 평일 낮에 파란 하늘을 보며 바람 쐬는 날이 일주일에 하루 정도는 보장돼야 하는 것 아닌가 말이다. 그런데 코로나19가 발생하면서 예기치 않게 많은 기업이 어쩔 수 없이 재택근무를 시행했고, 이제 전 세계적으로 재택근무제를 도입하는 뉴노멀 시대를 맞이했다. 주 4일 6시간이나 주 3일 8시간 근무는 아니지만, 재택근무를 편견 없이 받아들이는 시대가 왔다고 하니 왠지 내 꿈이 유사하게나마 이루어진 것 같아 가슴이 뛰었다. 물론 재택근무가 출퇴근보다 더 힘들 수도 있고 특정 직업은 재택근무에 전혀 해당되지 않겠지만, 해 보지 않고서는 알 수 없는 일이며 사람 일은 어떻게 될지 모르는 거다.

출퇴근하는 일은 상당히 많은 에너지와 연관되어 있다. 먼저 회사까지 이동하는 교통의 문제. 이 과정에서 자동차 배기가스, 지하철을 움직이는 전기 등의 에너지가 소모되고 그에 따라 탄소가 배출된다. 또한 출퇴근은 체력적으로 참 피곤하다. 조금 더 자기 위해 아침밥을 포기하는 일은 대수도 아니다. 한국인의 평균적인 출근 소요 시간은 40분으로, OECD 평균인 23분보다 두 배가량 오래 걸린다. 사람들은 아침저녁으로 대중교통에 몸을 맡긴 채 타인과 부대끼며 신경이 날카로워지거나 스마트폰을 통해 요란한 정보를 피로할 만큼 받아들인다. 마침내 직장에 도착하면 또 어떤가. 직장은 일하는 곳이지만 사회생활을 하는 곳이기도 하다. 직장마다 특유의 문화가 형성되어 있고, 이른바 '또라이 총량의 법칙'에 따라 반드시 또라이도 배치되어 있다. 이런 직장 내 문화와 인간관계로부터 받는 정신적 스트레스는 폭식과 폭음으로 이어지거나 우울증이나 공황장애와 같은 정신 질환을 유발하기도 한다. 이렇게 피폐한 사람들은 보상 심리로 더 많이 소비하며, 그로 인해 쓰레기가 증가하고 공장에서 내뿜는 탄소 또한 증가해 결국 환경이 오염된다. 직장에 출근하려면 어쩔 수 없이 때마다 옷도 사고 화장도 해야 한다. 원하지 않아도 주 5일간은 폴리에스터 옷감에 둘러싸여 각종 화장품 속 미세 플라스틱을 체내로 받아들여야 하는 것이다. 여러모로 환경과 건강에 좋지 못하다. 한편 또 다른 시각에서는 재택근무 시 배달음식 소비가 늘어 일회용품 쓰레기가 많이 나올 수 있다고 보기도 한다. 알 수 없는 일이다. 분명한 것은 앞으로 어떤 재난 상황이 반복될지 모르니 변화에 대비해야 한다는 것이다.

재택근무라는 개념은 1975년에 최초로 등장했으며, 1973년 미국항공우주국(NASA)의 과학자였던 잭 닐스의 연구에서 비롯되었다. 장거리 출퇴근으로 인한 불편을 줄일 방법으로 1975년 LA의 한 보험회사에서 재택근무를 시범 운영했으나 경영진이 직원을 잘 통제하지 못해 실패로 돌아갔고, 이후 IBM과 야후, 뱅크오브아메리카(BOA) 등의 기업도 생산성이 낮다는 이유로 재택근무제를 폐지했다. 국내에서는 2005년에 특허청이 공공기관 최초로 직원의 8%에게 재택근무를 허용했는데, 해당 직원들이 변리사 시험을 준비하는 등 이를 악용하여 불신을 초래했다고 한다. 한편 마이크로소프트의 CEO 사티아 나델라는 영구적 재택근무는 직원들의 사회적 교류나 정신 건강에 악영향을 미친다고 주장했다. 회의 상황에서의 직원 간 교감을 지적하며, 이런 인간적인 교감은 가상으로 복제할 수 없는 것이라고 강조했다. 직원 간의 교감도 중요하지만 반대로 회사 내 인간관계로 인해 발생하는 스트레스와 정신 질환도 간과해서는 안 될 것이다. 가족보다 회사 동료와 더 오랜 시간을 함께 보내는 것이 과연 정상적인 생활이었던 건지 의문을 제기하고 싶다. 물론 재택근무제를 도입하면 많은 것이 바뀐다. 기존에 구축해 놓은 근무 환경이 모두 사라지고 경영과 채용 형태도 전부 변경해야 한다. 회사 주변이나 역세권 등의 상권이 침체되고 부동산 시장에도 영향을 미칠 것이다. 코로나 사태로 인해 사무 공간을 임대하는 뉴욕의 부동산도 타격이 컸다고 한다.

이렇게 수많은 우려 속에서도 코로나19의 출현 이후 어쩔 수 없이 재택근무를 시행한 회사가 많다. 그런데 놀랍게도 재택근무의 효율은 예상보다 좋았고 심지어 트위터는 영구적으로 재택근무를 허용하기로 했다. 직장

문화가 보수적인 한국에서도 재택근무를 환영하는 듯하다. 포스코는 '경력단절 없는 육아기 재택근무제'를 도입했고, CJ프레시웨이는 사무직은 주4일 출근, 영업직은 주2일 출근으로 나머지 일수의 재택근무를 허용한다. 또한 CJ프레시웨이는 공유좌석제, 스마트오피스를 시행해 재택근무로 인해 남는 회사의 공간을 직원 편의시설로 채웠다. 재택근무가 처음 도입되었던 1970년대와 현재의 상황은 크게 다르다. 수많은 IT 회사가 재택근무의 생산성을 높이는 상품을 꾸준히 출시하고 있다. 마이크로소프트는 화상 화면, 마이크 및 스피커, 펜 등을 지원하는 상품을 내놓았고, 먼데이닷컴은 리모트워크라는 패키지 상품을 출시해 직원들의 업무 진행 상황을 한눈에 확인할 수 있게 만들었다. 이 상품은 먼데이닷컴의 매출을 2배 이상 올리며 매우 긍정적인 평가를 받았다. 새로운 패러다임에 맞춰 새로운 상품과 사업이 탄생하고 있다. 이렇게 인프라가 뒷받침해 주면서 재택근무의 생산성 저하 논란도 옛말이 된 듯하다. 중국의 온라인 여행사 씨트립 직원을 대상으로 조사한 결과 9개월 동안 5일 중 4일간 재택근무를 했을 때 기업의 전반적인 생산성이 오히려 높아졌다. 직원들의 실적이 13% 개선되었고 퇴사율은 50%나 감소했으며 직원 1명당 들어가는 비용도 2,000달러가량 절약할 수 있었다고 한다. 체계적인 인프라가 받쳐 줄 때 재택근무를 적절히 병행하면 긍정적인 효과를 기대할 수 있는 것이다.

　　　　사회 전반적으로 재택근무가 시행되면 교통량이 줄어들고 회사 건물에서 소비하는 에너지도 감소해 탄소 배출이 어느 정도 줄어들 수 있다. 또한 외출 시 필요한 의복이나 화장품 등의 구매가 줄 것이고 그만큼 공장에서 발생하는 탄소나 오염 물질도 적어질 것으로 기대한다. 과도한 도시화 현상에도 도움이 될 수 있다. 예컨대 실리콘밸리의 토지 가격과 생활비가 천정부지로 치솟은 이유는 유명 기업이 많이 들어서면서 인구가 몰렸기 때문이다. 이번 코로나19의 여파로 재택근무가 늘자 집값이 하락했다고 한다. 또한 재택근무제를 시행하면 지역과 관계없이 뛰어난 인재를 영입할 수 있다. 한국정보화진흥원에 따르면 코로나19가 유행하기 전인 2019년에 진행한 조사에서 재택근무가 필요하다고 답한 비율은 직장인 64.2%, 사업체 30.6%였다. 직장인은 이미 원하고 있다. 가상사설망(VPN)의 구축, 랜섬웨어 및 개인 PC 보안 등의 문제를 개선할 인프라가 충분히 갖춰진다면 소위 군대 문화나 수직 구조에도 상당한 변화가 생겨 직장인의 스트레스가 줄어들고 저출산이나 육아 분담 등 사회적 문제에도 일부 긍정적인 영향을 줄 것으로 보인다. 유연근무제를 위한 매뉴얼이나 재택근무 컨설팅 등도 개발되고 있다고 하니 그리 머지않은 것 같다. 거대한 사회 형태가 에너지를 절약하는 방향으로 변화하며 궁극적으로 기후 변화를 늦출 수 있기를, 재택근무가 비로소 숲을 이루어 내는 미래를 꿈꿔 본다.

천천히 가도 괜찮아요

언제부턴가 10km 이상을 걸으면 무릎이 아파 왔다. 평소에 많이 걷는다거나 운동을 꾸준히 하는 타입은 아니지만, 업무 중에 서 있거나 걸을 때가 많았고 심지어 뛸 때도 종종 있어 운동량이 적다고 생각하지 않았다. 하지만 모처럼 숲으로 나가 꽤 걸었다 싶으면 계단을 내려오지 못할 만큼 무릎이 아팠다. 처음에는 그저 통증이 가실 때까지 참았고, 회복하는 데에는 일주일 정도 걸렸다. 그다음에 오래 걸은 후 통증을 느꼈을 때는 뭔가 이상이 생긴 것인지 걱정되어 정형외과를 찾았지만 다행히 별다른 문제는 없었다. 스트레칭을 권유받았을 뿐이었다. 당시 요가를 다니고 있었는데, 아픈 무릎을 이끌고 가 일부러 더 열심히 요가를 했다. 요가가 끝나고 계단을 내려오는데 놀랍게도 무릎이 하나도 안 아픈 것이 아닌가. 또 일주일은 계단을 못 내려가겠다고 생각했는데 단 하루 만에 그 걱정이 해결된 것이다. 그때 수련한 요가 동작은 주로 허리와 골반의 유연성을 기르는 동작들이어서 내가 느꼈던 무릎 통증이 허리, 골반과 관련되어 있다는 것을 깨달았다. 그 이후 업무가 바뀌며 이젠 거의 하루 종일 앉아 있는 생활을 하고 있다. 살도 쪘지만 이번엔 허리와 골반이 아프기 시작했다. 요가로 풀어 줘도 효과가 없을 때는 며칠 동안 꾸준히 아팠다. 가끔 하는 산책은 집 근처를 삼사십 분 정도 걷는 것이 전부인데, 어느 날 좀 더 먼 곳으로 나들이를 나가 만 보 이상 걷게 되었다. 그러자 신기하게도 며칠 동안 골반에서 느껴지던 뻐근함이 사라졌다. 하지만 매일 만 보를 걷는 일은 생각처럼 쉽지가 않다.

산티아고 순례길을 두 번이나 다녀온 엄마는 걷기를 예찬한다. 엄마도 오래 걸으면 무릎이 아파서 순례길을 걸을 때 두려운 마음이 있었다고 한다. 걷다가 아프면 스틱에 의존하기도 하고 뒤로도 걸어 보았는데 어느덧 통증이 사라졌다고, 운동 효과가 나타난 것이라고 말씀하셨다. 당뇨병이 심했는데 순례길을 열심히 걷고 나서 한 달 후에는 약 없이도 혈당이 잘 조절되었다는 사람을 만났다고도 하셨다. 걷기는 비용을 들이지 않고 쉽게 할 수 있으면서 건강에 큰 도움이 되는 운동이다. 직립 보행을 하는 인간은 걸을 때 척추는 물론 모든 뼈마디를 정렬하여 단련할 수 있고, 근육이 강화되며 혈액순환에도 좋다. 이만큼 쉽고 대중적인 전신 운동이 없다고 보면 된다.

또한 뇌혈관 질환, 고혈압, 당뇨, 심지어 우울증에도 좋다고 한다. 혼자 긴 산책을 해 보면 알 수 있다. 걸을 때는 마치 명상과도 같은 시간을 보낼 수 있다. 내면의 감정을 가만히 들여다보거나 앞으로의 일을 계획할 수도 있다. 열심히 살아가는 이웃을 보며 에너지를 얻기도 한다. 혼자도 좋지만 함께 걸어도 좋다. 나는 연말에 긴 둘레길을 남편과 걸으려고 한다. 실은 크리스마스에 기념될 만한 일을 하고 싶어 사려니숲길을 완주했었는데, 사람이 많은 숲길 입구와는 달리 숲속에서는 둘이서 걷는 시간이 많아지면서 자연스럽게 속내를 이야기할 수 있는 기회가 마련되었다. 한 해를 돌아보고 다가오는 새해를 계획하며 많은 이야기를 나누었는데, 서로 매우 만족스러운 시간을 보냈던 것이다. 그래서 매해 연말이 오면 한적하고 긴 둘레길을 걷는 것이 우리 가족의 연례행사가 되었다.

매일 시간을 내서 만 보를 걷지는 못해도 가까운 곳이나 걸을 만한 거리는 되도록 걷는다. 제주도에서는 거의 차를 타고 다니지만, 20분 정도 떨어진 거리의 상점에 가야 할 때는 비가 세차게 오거나 무거운 짐이 있지 않은 이상 물병과 에코백을 챙겨 걷는다. 육지에서도 마찬가지다. 부모님 댁에서 도보 15분 거리의 지하철역까지 예전에는 버스를 탔지만 이젠 걸어가려고 노력한다. 시내에서 일을 볼 때 동선을 잘 짜면 하루 종일 걸으며 도시를 구경할 수도 있다. 종로에서 을지로로, 을지로에서 충무로로 걷다 보면 몰랐던 상점을 구경하고 우연히 마음에 드는 카페를 발견하기도 하면서 마치 여행하는 기분을 느끼게 된다. 느리지만 강한 걷기만의 매력이 있는 것이다. 걷기를 통해 바쁘고 바쁜 현대사회 속에서 조금 속도를 줄이고 천천히 가는 여유를 배운다. 시간은 금이고 빠른 것이 최고라 믿는 이 시대에 어떤 사람들은 일부러 느린 방식을 선택하기도 한다. 느리면 어때 환경에 이롭다는 게 중요하지, 하고 몸소 외치는 듯.

스웨덴의 환경운동가 그레타 툰베리는 2019년 9월 뉴욕에서 열리는 유엔 기후행동 정상회의에 참석하기 위해 14일 동안 태양광 요트를 타고 대서양을 건너는 무탄소 여행을 계획했다. 기후 변화에 영향을 미치는 비행기에 탑승하기를 거부한 것이다. 비행기는 배기가스를 배출해 대기를 오염시키지만 그보다 더 심각한 문제는 비행운을 만드는 것에서 발생한다. 비행기가 만드는 긴 꼬리 모양의 구름은 지구의 열이 우주로 빠져나가는 것을 방해해 지구 온난화에 좋지 않은 영향을 미친다. 2001년에 발생한 911 테러 직후 미국에서 상업 비행이 며칠 동안 중단되었는데, 실제로 그 기간 동안 평소보다 더 많은 열이 우주로 빠져나갔다고 한다. 비행운의 문제는 비행기의 고도를 더 높이거나 낮추는 방식으로 다소 해결될 수 있다고 하지만, 더욱 근본적인 친환경 해결책이 나와야 할 것이다.

산업은 빠르게 발전하며 기후 변화 또한 빠르게 촉진했다. 그리고 더 이상 무분별하고 빠른 발전이 필요하지 않은 시대가 왔다. 산업 발전으로 얻은 모든 편익을 누리며 살고 있지만 이제 천천히 가야만 하고, 천천히 가도 좋다고 말하고 싶다. 빠르고 편리한 것은 빠르고 편리할 뿐 그것이 최고의 가치는 아니다. 때에 따라서는 느리게 걷는 시간도 필요하니까.

4장

맥시멀한 생각, 미니멀한 생활

물질 소비에 관한 축소주의

사고 버릴 때 일단 멈춤

나는 드라마 덕후다. 그런데 우리 집에는 TV가 없다. 남편은 원래 TV를 잘 보지 않는 사람이고, 나는 드라마를 정말 좋아하지만 일단 무겁고 큰 TV가 왠지 부담스러웠다. 그것까지는 괜찮다 쳐도 케이블 방송을 연결하면 따라오는 셋톱박스가 왠지 거추장스러웠고, 그것을 올려놓기 위해 선반이나 수납장을 장만해야 하는, TV를 중심으로 돌아가는 인테리어 구조나 생활 방식이 마음에 들지 않았다. TV가 생기면 거실 인테리어가 다 비슷해지고, 밥을 먹을 때나 쉴 때 습관처럼 TV를 틀어 대화하거나 책을 읽는 시간이 줄어들 것 같았다. 사실 스마트폰만 있으면 드라마를 다 볼 수 있기 때문에 결혼 4년 차인 지금도 TV 없이 잘 살고 있다. 주말에 밥을 먹고 소파에 누우면 문득 TV가 있으면 좋겠다는 마음이 들 때도 있지만 TV를 구매하면 따라오는 부수적인 가구와 전자 제품, 변화할 생활 방식까지 모두 수용할 마음이 들면 그때 구매할 생각이다. 아직은 'TV와 아이들'을 우리 집에 들이고 싶지 않다.

최근 몇 년간 미니멀 라이프가 크게 유행했다. 과도한 소비를 줄이고 필요한 물건만 소유하는 미니멀 라이프를 시도해 본 사람은 꽤 많을 것이다. 나도 TV를 굳이 사지 않은 것과 같이 신혼집을 꾸밀 때 미니멀 인테리어의 영향을 많이 받았다. 처음부터 반드시 생활에 필요한 것만 장만하기로 마음먹었다. 신혼집을 알아보기 위해 인터넷에서 부동산 매물을 살펴볼 때면 같은 집이라도 누군가 살고 있는 모습보다 짐을 다 치워 빈집 상태인 사진을 보았을 때 계약하고 싶은 욕구가 더 생겼다. 그래서 내가 사는 집은 되도록 빈집 같은 느낌을 주고 싶었다. 하지만 생활하다 보면 생각지도 않았던 물건이 공짜로 생기기도 하고, 한때 필요했던 물건이 쓸모없는 것이 되기도 했다. 어디서 받은 수건이나 반찬통은 버리기도 애매하고 잘 쓰지도 않는다. 야심 차게 구매한 미니 화로나 캔들 만드는 도구, 화분은 흥미를 잃어 방치하기에 이르렀다. 예전에는 쓰지 않는 물건이 집 안에 있다는 사실을 참지 못해서 가차 없이 버렸다. 내 눈에만 안 보이면 괜찮다고 생각했다.

하지만 문득 지구적인 관점에서 생각해 보았다. 내가 버린 물건들이 방대한 쓰레기 더미의 일부가 되겠다는 생각이 들었다. 시간이 흘러 다시 필요할 수 있으니 지저분하지 않게 잘 보관하면 되지 않을까. 일단 눈앞에서 치우기 위해 무조건 버리고 보는 극단적인 습관을 버리기로 했다. 무언가를 살 때 신중하고 버릴 때는 더 신중하기로 했다. 어디선가 본 적이 있다. 구매하기 버튼을 누르기 전에 딱 세 번만 참으면 그 물건에 대한 충동적 욕구를 어느 정도 가릴 수 있다는 것이다. 그 물건이 꼭 필요한지 몇 번 더 고민해 본다. 그러다 보면 어느새 사고 싶었는지조차 잊는 물건이 있는가 하면 1년 후에도 똑같은 고민을 하고 있을 때도 있다. 1년이 지나도 생각나는 것은 기쁜 마음으로 산다. 이렇게 신중하게 구매한 물건은 쉽게 버리지 못한다. 사용하지 않는 물건은 일단 팔거나 나눔을 해 본다. 그러지 못하는 것들은 버리기 전에 몇 번 더 고민한다. 배달음식 포장용기도 쓸 만하겠다 싶으면 일단 놔둔다. 개인 식기를 챙겨 가야 하는 친환경 플리마켓에서 요긴하게 사용할 수 있기 때문이다. 한 번 더 생각하지 않고 무조건 버리는 습관 때문에 이 지구는 폐기물을 처리하려 진을 빼고 있다. 그런 쓰레기들이 모여 더 많은 GPGP(Great Pacific Garbage Patch, 태평양 거대 쓰레기 섬)를 만들어 낼 것이다. 순환을 늘 염두에 두고, 평생 쓰지 못한다면 어떻게 내보낼 것인지를 구매할 때부터 생각해야 한다.

최근에는 디자인 예쁜 친환경 제품이 많이 나오고 있다. 물건을 구매할 때 친환경 제품의 옵션이 넓어진 것 같아 기쁘다. 하지만 친환경이나 미니멀 라이프, 제로 웨이스트가 일종의 트렌드가 되어 또 다른 소비욕을 자극하는 것은 아닌지 걱정되기도 한다. 기존의 물건을 모두 버리고 요즘 유행하는 친환경 제품으로 생활용품을 모두 바꾸는 사람도 있을 것이다. 마침 필요하기에 구매하는 것과 유행 따라 소비하는 것은 분명 다르다. 시각적으로 끌리는 미니멀 라이프가 아닌 진정한 의미의 미니멀 라이프를 생각해 보자. 미니멀 라이프란 물건의 본질에 집중하고 꼭 필요한 만큼만 소비하는 생활 방식이다. 자신을 과장해서 꾸미거나 허황된 마음을 채우려는 목적으로 물건을 사지 않는다. 기존에 있던 물건을 다 쓰고 난 후에 새로운 제품을 장만하는 것. 어렵지 않지만 쉽게 어긴다. 친환경 제품을 쓰는 것은 물론 좋지만 그 제품을 사기 위해 멀쩡한 물건을 버리거나 방치하지는 말자는 의미다. 우리가 과소비할수록 불필요한 물건이 시장에 쏟아져 나오고, 그것들을 만들기 위해 공장은 돌아간다. 그 공장은 석유, 석탄을 소비하고 그에 따라 온실가스와 폐기물을 배출한다. 이렇게 환경을 담보로 만든 물건을 우리가 함부로 버리는 악순환 속에서 쓰레기는 계속 늘어만 간다. 하지만 시장은 오늘도 온갖 마케팅 수단으로 계속해서 소비를 부추긴다.

산업화의 발달로 대량 생산이 이루어지고, 그 덕에 인간은 편리하고 값싼 제품을 사용해 왔다. 문제는 고민 없이 많이 사고 쉽게 버리는 습관이다. 대량 생산의 시장 원리를 열심히 따르면 소수 기업만 승승장구한다. 품질에 집중하는 소상공인은 설 자리가 없어진다. 요즘은 다행히 소상공인의 제품과 기업 철학을 알릴 수 있는 플랫폼이 많아졌다. 각자의 철학대로 직접 농사지은 농산물부터 개성 있는 디자인 상품까지 개인이 브랜드가 되어 기발한 물건을 정성껏 만들어 파는 모습이 반갑다. 그중에는 친환경을 그저 마케팅 문구로 생각하지 않고 진심으로 환경을 생각하는 사람들이 있으며, 요즘의 소비자는 그 진심에 반응한다. 점점 더 신념을 가지고 정형화되지 않은 물건을 신중히 구매하는 소비자와 기후 변화를 대비하는 데 기술력을 집중하는 대기업, 그렇게 건강한 조화를 이루는 시장을 상상해 본다.

무소유의 마음가짐을 강요하는 것이 아니다. 자원 순환을 생각하며 적당히, 현명한 소비를 하자는 것이다. 어느 정도의 소비는 꼭 필요하다. 생활에 필요한 것이 될 수도 있고 그저 소소한 행복을 위한 소비도 있다. 쇼핑으로 스트레스를 풀거나 명품, 자동차 같은 물질을 자신의 정체성과 헷갈리지만 않는다면, 애초에 너무 많은 물건을 사고 싶지도 않을 테니 그리 어려운 일은 아니다.

버진 펄프와 프랑켄트리

　　이삿짐을 쌀 때마다 나를 가장 힘들게 했던 물
건은 바로 책이다. 일단 너무 무겁다. 한국과 해외를 오갈
땐 가뜩이나 짐의 무게를 최소화해야 했기 때문에 책이
가장 먼저 제외 대상이 되었다. 해외 소설은 그나마 가벼
운 종이를 사용해 만들지만 예쁜 사진이 실려 있는 잡지
나 요리책, 디자인 관련 서적은 무거운 것이 많아서 눈물
을 머금고 몇 권씩 정리하거나 아예 사지 않는 편을 선택
했다. 제주도로 이사 올 때도 책을 많이 가져오지 못했다.
신혼집을 제주도에서 꾸렸기 때문에 부모님 집에서 짐을
추려 우체국 택배로 몇 상자 보내온 것이 다였다. 책은 부
피가 그리 크지 않아서 이삿짐을 싸다 보면 무심코 상자
에 가득 채워 넣게 되지만, 그럼 웬만한 남자도 들기 힘들
만큼 무거워지는 데다가 거의 모든 배송업체에 무게 제한
이 있기 때문에 쌌던 짐을 다시 풀어야 한다. 다시 가벼운
물건과 책을 섞어서 짐을 싸다 보면 굳이 가져가지 않아
도 될 책들이 정리된다. 그렇게 중고서점에 판 책도 많다.
그리하여 아이러니하게도 책을 쓰는 상황에서 요즘은 전

자책도 많이 나오는데 굳이 종이책을 사야 할까 싶은 생각이 들었다. 종이를 만들려면 또 수많은 나무를 베어야 할 텐데, 이 디지털 시대에 스마트폰과 태블릿 PC로 전자책을 읽으면 되는 것 아닌가.

전 세계인이 하루에 소비하는 종이를 생산하기 위해서는 나무 1,200만 그루가 필요하다고 한다. 여기에는 책은 물론이고 포장지, 명함, 영수증, 휴지, 각종 인쇄용지 등이 포함되며, 플라스틱 빨대의 대안으로 나온 종이 빨대 역시 빼놓을 수 없다. 실제로 이 지구의 나무들은 빠른 속도로 줄어들고 있고, 숲에서 벌목하는 나무의 42%가 펄프로 만들어진다. 제지회사는 이른바 나무농장에서 키운 나무를 가공해 종이를 생산한다. 자연 상태의 숲을 무작정 없애는 것이 아니라 인공적으로 조성한 조림지에서 나무를 키우고 베어 내고 또다시 심으며 '순환 경작'을 한다는 것인데, 그렇다면 정말 환경에는 아무런 문제가 없을까? 사실 나무농장에는 아카시아나 유칼리나무 등 펄프를 많이 뽑아낼 수 있는 특정 종류의 나무만 골라 심는다. 주로 외래 품종이기에 이 나무들이 생태계 교란을 일으킬 수 있다. 또한 한 종류만 심은 나무농장에 병충해가 들면 농장 전체가 사라질 수 있기 때문에 각종 화학 물질을 살포하는데, 이는 토양 오염 및 수질 오염으로 이어진다. 심지어 GMO 곡물처럼 펄프를 많이 뽑아낼 수 있는 유전자 조작 나무, 프랑켄트리(Frankentree)를 적극적으로 사용한다는데, 프랑켄트리가 자연 상태에서 숲으로 퍼져 나갈 경우 발생할 수 있는 지역 생태계 교란의 문제도 우려스럽다. 미국 남부에서는 인공 조림지로 인해 지난 50년간 천연 소나무 숲이 50% 넘게 줄었고, 숲에서 살아가는 온갖 야생 동식물 가운데 98%가 사라진 것으로 보고되었다고 한다.

현재 전 세계적으로 2초마다 축구장 면적만큼의 원시림이 사라지고 있다. 산림이 훼손되면 이산화탄소를 흡수하고 산소를 내뿜는 나무가 없어지는 만큼 온난화를 부추기기도 하지만, 종이를 만드는 과정에서 표백제와 염소 화합물, 다이옥신, 푸란 등의 화학 물질과 기계를 움직이는 엄청난 에너지를 사용하기도 한다. 기후 변화와 관련된 위험을 평가하고 대책을 마련하기 위해 설립된 유엔 산하 국제 협의체 IPCC는 벌목으로 인한 산림 훼손을 화석 연료에 이어 기후 변화의 두 번째 요인으로 꼽았다. 하지만 미국의 비영리 기관인 그린 프레스 이니셔티브(Green Press Initiative)가 발표한 보고서에 따르면 태블릿

PC는 평균 수명 동안 130kg의 이산화탄소를 배출하는 반면 인쇄된 책은 4kg의 이산화탄소를 배출한다고 한다. 더불어 종이책은 중고로 사고팔거나 종이를 재활용할 수 있지만 전자책을 읽기 위해 사용하는 디지털 도구는 그저 매립지에 묻힐 확률이 높기에 종이책이 더 친환경적이라는 목소리도 있다. 물론 태블릿 PC로는 전자책을 수십 수백 권 읽을 수 있으며 그 외에 다른 기능도 이용할 수 있으므로 종이책과 디지털 도구 자체를 비교하는 것은 맞지 않다. 전자책 한 권을 읽을 때마다 전자기기를 버리지 않는 이상 전자책이 종이책보다 친환경적이지 않다고 말할 근거는 없다. 그린 프레스 이니셔티브의 의도는 전자기기를 자주 새것으로 교체하는 현대인의 빠른 소비 패턴을 비판하려는 데 있을 것이다.

이삿짐을 싸면서 시작된 종이책에 대한 고민이 환경적 이유와 맞물린 순간부터 종이책 구매를 자제했다. 대신 도서관이나 전자책, 전자 도서관을 주로 이용한다. 제주도에서 육지로 오가는 비행기 안에서는 전자책만큼 유용한 것이 또 없다. 무거운 가방을 싫어하는 나로서는 늘 챙겨 다녀야 하는 종이책보다 스마트폰으로 간편히 읽을 수 있는 전자책을 더 선호하게 되었다. 요즘엔 언제 어디서든 손에 스마트폰을 쥐고 있기 때문에 책을 더 많이 읽게 되기도 한다. 급하게 들어간 공중화장실에서도 읽던 책을 이어서 볼 수 있고, 배송을 기다리지 않고 해외 서적을 바로 볼 수 있으니 얼마나 좋은가.

하지만 가끔은 전자책이 줄 수 없는 기쁨을 종이책이 안겨 준다. 얼마 전 꽤 오랜만에 친구에게 종이책을 선물 받았다. 생일 선물도 디지털 쿠폰으로 받는 시대에 책을 받으니 신선한 기분이었다. 앞서 전자책의 장점을 늘어놓았지만, 사실 종이책을 선물 받고 꽤 감동했던 것이다. 종이의 질감을 느끼며 한 장 한 장 책장을 넘겨 읽는 경험을 떠올리면, 역시 종이책이 아주 사라지는 것은 슬프다. 아끼는 책만큼은 종이책으로 두고 사랑하는 사람들과 나누어 읽고 싶다. 만약 버진 펄프(virgin pulp) 대신 재생지를 적극적으로 사용하면 환경에 조금은 덜 해로울 것이다. 우리나라에서 일 년 동안 사용하는 복사지 중 10%만 재생 복사지로 바꿔도 자동차 약 5천 대가 일 년 동안 내뿜는 만큼의 이산화탄소가 줄어든다고 한다. 재생지는 일반 종이를 만들 때보다 화학 물질을 적게 쓰고, 고급 인쇄용지와 비교해도 유해 약품이나 중금속이 검출되는 수준에 차이가 없다고 하니 마음에 드는 책을 발견했는데 재생지로 만들었다면 기쁜 마음으로 구매해도 좋겠다.

옷장 다이어트

가을이 끝나 가고 쌀쌀해질 무렵, 그리고 겨울
이 지나 조금씩 따듯해질 무렵에는 어김없이 옷장을 정리
한다. 그렇게 정리를 하면 적당한 만큼만 소유하고 소비하
는 습관을 들일 수 있다. TV 속 연예인의 옷방을 보면 나
에게는 과하게 느껴지지만, 늘 새로운 모습을 보여야 하는
그들에게는 적당한 크기일 수 있다. 반면 극단적 미니멀리
스트는 옷을 기능별로 최소화하여 소유한다. 계절별로 단
몇 벌의 옷과 신발 두세 켤레로 일 년을 지낸다. 유행에 민
감했던 20대 때와 달리 지금은 옷 쇼핑을 많이 하는 편은
아니지만, 아직 내적 충동과 욕구를 완벽히 다스리는 경
지에 오르진 못했다. 나에게는 현재 가진 옷장의 용량을
초과하지 않을 만큼 옷을 소유하는 것이 적당해 보인다.
지금 사는 집은 안방 한쪽 벽이 붙박이장이어서 그곳을
옷장으로 쓰고 있다. 하지만 이불이나 담요, 가방도 함께
보관하다 보니 자리가 부족해서 계절이 맞지 않는 옷은
차곡차곡 접어 수납함에 보관한다. 이렇게 계절마다 옷
을 정리하다 보면 일 년 동안 한 번도 입지 않은 옷이 나

온다. 그런 옷들을 눈앞에 쭉 늘어놓고 왜 한 번도 입지 않았는지 골똘히 생각해 본다. 딱히 입을 기회가 없었지만 경조사 때 필요할 것 같은 옷도 있고, 딱히 나쁘지 않은데 왠지 손이 안 가는 옷도 있다. 손이 가지 않는 옷은 주로 마음에 썩 들지 않지만 필요해서 급하게 샀거나 충동적으로 산 것들이었다. 이런 옷은 다시 입지 않을 가능성이 크기 때문에 과감히 의류수거함에 넣거나 기부한다. 이 패턴을 몇 해 되풀이하다 보면 어느 정도 취향에 맞는 옷들만 남아 정리가 수월할 거라 생각하지만 계절이 지나면 어김없이 같은 고민을 반복한다. 그래서 새로 옷을 살 때는 좀 더 오래 입을 만한 것으로 고르게 된다. 그러려면 본인의 취향과 핏을 정확히 파악하는 것이 중요하다. 인생 바지, 인생 티셔츠를 가지고 있다면 쇼핑은 더 쉬워진다. 가방이나 신발도 마찬가지다. 몇 가지 장소와 상황, 시간에 알맞은 기본 아이템을 갖추었다면 충분하다.

패션 제품을 필요 이상으로 사거나 버리지 않으려는 데에는 역시 환경 보호라는 단 하나의 목적이 있다. 빠르게 변화하는 트렌드에 맞춰 빠르게 제작하고 유통하는 패스트 패션은 60% 이상이 쓰레기로 버려지고 단 1%만 재활용된다고 한다. 패션 산업은 전 세계 탄소발자국의 1/4을 차지하며, 옷을 만드는 데 사용되는 물은 약 500만 명이 사용하는 물과 같은 양이라고 한다. 일단 옷의 원단을 만드는 목화를 재배하는 데 세계에서 사용하는 농약의 10%, 살충제 25%가 쓰이며, 합성 섬유를 만들 때에는 아조염료, 포름알데히드와 같은 발암 물질이 생성된다. 합성 섬유로 만든 옷이 버려져 분해될 때는 지하수에 유해 성분과 미세 플라스틱이 함께 녹아들어 생태계로 다시 돌아온다. 옷을 염색할 때 사용하는 화학 물질은 폐수에 섞여 강과 바다로 흘러가고, 노닐페놀이라는 환경호르몬을 발생시킨다. 이는 간암과 태아 기형의 원인으로 알려져 있다. 새 옷을 사지 않고 사는 것은 불가능할지라도 현재 불필요한 소비를 어느 정도 하고 있는지 점검해 볼 필요가 있다. 합성 섬유로 만든 옷이 유방암을 유발한다는 연구 보고를 듣고 적잖이 놀랐는데, 역시 환경이 오염되면 그 일부인 인간도 반드시 피해를 보게 되는 것이다. 이런 이유로 옷을 살 때는 되도록 성분을 따져 보려고 노력한다. 특히 속옷과 면 생리대는 유기농 면으로 만든 것을 구매한다.

개인이 이런 생각을 할 때 세계적인 패스트 패션 브랜드 H&M과 GAP 등도 친환경 전략을 내놓았다.

H&M은 2035년까지 생산하는 의류의 35%를 재활용 가능한 소재로 만들겠다고 했고, GAP은 2021년까지 유기농 면과 재활용 면처럼 지속 가능한 공급원에서 추출한 면을 100% 확보하겠다고 발표했다. 그 밖에도 지속 가능한 패션을 위한 아이디어가 여기저기에서 들려온다. 재활용 플라스틱으로 만드는 가방과 의류, 식물과 조류를 소재로 활용해 다 입고 땅에 묻으면 생분해되는 티셔츠, 버려진 자투리 가죽으로 만든 리사이클 가죽도 있다. 그중에서 플라스틱을 재활용해 만든 가방을 구매해 봤는데, 디자인도 클래식하고 고급스러워 경조사에 꼭 들고 간다. 그 가방을 들면 왠지 자랑스러운 마음이 솟아난다. 이렇게 한 번 살 때 친환경 제품을 사서 오래오래 사용하려고 한다. 마음에 쏙 들고 환경에도 이로운 것으로. 이미 있는 옷들도 되도록 버리지 않는다.

옷을 오래 입는 방법 중 하나는 수선해서 입는 것이다. 나는 바느질을 잘 못하고 해 본 적도 많지 않지만, 이번에는 살짝 구멍 난 옷들을 모아 직접 수선해 보았다. 엉성했지만 생각보다 재미있고 뿌듯했다. 구멍을 메우니 입기 꺼려져 버릴 리스트에 있던 옷들이 몇 년은 더 거뜬히 입을 수 있는 리스트로 옮겨졌다. 우리 엄마는 최근에

할머니가 쓰시던 미싱을 부활시켜 옷 수선하는 재미에 푹 빠지셨다. 결혼하면서 내가 놓고 온 옷, 사이즈가 안 맞아 더 이상 입지 않는 옷, 동생 옷, 아빠 옷 할 것 없이 창의적으로 수선해서 입으신다. 헌 옷이 새 옷으로 재탄생하는 것도 뜻깊지만 새로운 열정으로 가득 차 미싱을 돌리는 엄마의 모습이 보기 좋았다. 환경에 관심이 없었더라면 새 옷을 사 드릴 테니 궁상떨지 말라고 허풍을 쳤을 텐데, 나는 감히 도전도 못할 의류 재사용을 실천하는 엄마가 존경스럽다. 이것이 엄마의 축소주의구나.

냉장고 다이어트

어릴 적 풀리지 않는 미스터리가 있었다. 집 냉장고는 분명히 꽉 찼는데 왜 먹을 것이 하나도 없냐는 것이었다. 딱히 반찬 투정을 한 기억은 없지만 한창 자극적인 것을 좋아할 때였던 만큼 냉장고를 열고서 실망했던 기억이 많이 난다. 냉장고 안을 들여다보면 커다란 통에 담긴 된장과 고추장, 각종 김치, 새우젓 등이 절반 이상을 차지했던 것 같다. 냉동실은 항상 정체불명의 비닐로 가득 차 있어 냉동실 문을 열 때마다 뭔가 떨어지지 않도록 조심해야 했다. 성인이 되어 자취하던 때의 냉장고는 너무 텅 비어 있어서 마음마저 시릴 정도였다. 김치는 거의 한 종류이거나 없을 때도 많았다. 거의 당일, 많아야 일주일치 식료품을 샀다. 채워 봤자 금방 상하기도 하고, 채워 넣는 행위 자체가 돈을 쓰는 일이기 때문에 웬만하면 사치 부리지 않고 먹을 것만 샀던 것 같다. 혼자서는 간편하게 먹어도 상관없으니까. 그런데 결혼하고 나서는 왠지 엄마처럼 냉장고에 각종 김치와 커다란 된장, 고추장을 채워 넣어 뭔가 가정집 냉장고의 구색을 갖춰야 할 것만 같았다. 하지만 남편과 둘이 생활해 보니 우리는 그렇게 다양한 종류의 김치를 먹지 않았고, 반찬을 넉넉히 해 놓으면 상하는 경우가 더러 생겼다. 특히 남편은 국이나 찌개를 마다하고 특정 반찬 한 가지만 공략하는 편이어서 냉장고에 반찬을 꽉꽉 채워 놓아도 결국 내가 꾸역꾸역 처리할 때가 많았다. 서서히 우리 부부의 생활에 알맞은 만큼 냉장고가 채워졌다. 김치는 한두 종류만, 반찬은 일주일에 두 가지만 해 놓아도 충분했다. 내가 일부러라도 먹으려고 하는 채소는 언제든지 간편하게 먹을 수 있도록 손질해 놓는다. 각종 소스류도 많은데 특히 두반장이나 타바스코 소스처럼 일 년에 한 번 쓸까 말까 한 것들은 웬만하면 사지 않는다. 유통기한이 지나서 버리는 경우가 수두룩하기 때문이다. 그런 이국적인 맛을 느끼고 싶다면 그냥 잘하는 식당에서 사 먹기로 했다. 타바스코 소스나 파르메산 치즈는 피자를 시켜 먹을 때 작게 딸려 오는데, 남은 것을 보관해 두면 은근히 요긴하게 쓰인다. 반면 좋아하는 발사믹 소스나 굴 소스는 자주 먹기 때문에 늘 구비해 둔다.

우리 집에는 투 도어 냉장고만 하나 있는데 그 크기에 매우 만족한다. 김치냉장고도 포 도어 냉장고도 자리만 차지할 뿐 우리에겐 필요하지 않다. 나름대로 단출하게 냉장고를 채워 둔다고 생각했는데도 가끔 채소가 상하길래 그 이유를 생각해 보니 장을 2~3주에 한 번씩 몰아서 보기 때문이었다. 몰아서 장을 보면 편하긴 하지만 무엇을 해 먹을지 모르니 만일에 대비해 식재료를 과도하게 살 때가 있었던 것이다. 음식물 쓰레기를 줄일 방법을 궁리하다가 일주일에 한 번 장을 보았더니 냉장고 순환이 빨라지고 식재료가 상하지도 않았으며, 재료가 떨어져도 곧 다시 장을 볼 테니 조급한 마음이 사라졌다. 냉장고 다이어트를 하려면 일단 나와 내 가족이 먹지 않는 음식은 쌓아 두지 말고 다른 사람에게 나누거나 빨리 정리하고 다음부터는 되도록 들이지 않아야 한다. 두 번째는 가급적 소량씩 자주 장을 봐야 한다. 그러면 정말 먹을 만큼만 사게 되어 좀 더 싱싱한 음식을 먹을 수 있고 음식물 쓰레기도 나오지 않으며 냉장고도 날씬해진다. 냉장고에 음식을 과도하게 넣어 두면 세균도 그만큼 많이 번식할 수 있다고 한다. 게다가 전기도 더 많이 사용하게 된다. 냉장고를 2/3 이상 채우지 않아야 전기를 덜 쓰고 청소도 쉽다. 특히 냉동실은 꽉 채우지 않는 것이 더욱 중요하다. 냉동식품은 건강에 좋지 않을뿐더러 냉동실은 잘 열어 보지도 않으니 어떤 음식이 유물이 되고 있는지 알기 어렵기 때문이다. 『그리고 생활은 계속된다』의 저자 이나가 키 에미코는 냉장고 없이 산다. 그렇다고 늘 외식을 하는 것은 아니고, 전기를 최대한 쓰지 않기 위해 집에서 냉장 고를 내보낸 것이다. 저자는 채소와 생선을 말려 먹는다. 말리면 수분이 빠져 잘 상하지 않기 때문에 냉장고가 필 요 없다. 이렇듯 단출하지만 충만한 삶을 사는 이야기를 찾아보며 용기를 얻는다.

　　살면서 가장 중요한 것 중 하나가 바로 먹는 것 이다. 우리는 음식을 거의 냉장고에 보관한다. 냉장고를 열면 냉장고 주인의 뱃속이 보이는 것만 같다. 모두가 자 신의 뱃속을 싱싱하고 영양이 풍부한 음식으로 채우고 싶 어 한다. 같은 마음으로 냉장고에 좋은 식재료를 적당히 채워 놓는다면 절로 그리될 것이다.

모든 물건은 결제 즉시 중고일 뿐

런던의 물가는 살인적이었다. 서울도 만만치 않다고는 하지만 일단 모든 가격표를 원화로 환산하는 버릇이 남아 있을 때는 무언가를 쉽게 살 엄두를 내지 못했다. 내가 영국에 있었을 때는 환율이 무려 1,800원대를 돌파했을 시기다. 지금도 가끔 환율을 살펴보는데, 왜 하필 그렇게 환율이 폭등할 때 영국에 거주했던 것인지 억울하기만 하다. 멀쩡하게 사회생활을 하다가 30살 문턱에 영국으로 워킹홀리데이를 떠났는데, 사실 돈벌이에 지쳐 도피할 곳을 찾아 경험을 핑계로 놀러 간 것이었다. 하지만 일단 먹고살아야 했고 여행도 다니고 싶었기에 일을 했다. 편한 마음으로 일할 곳을 원했기 때문에 다시 대학생이 된 것처럼 아르바이트 형태의 일을 하게 됐다. 그렇다 보니 최저시급을 받을 수밖에 없었고, 엄청나게 높은 환율과 물가에 비해 영국은 최저시급이 엄청나게 낮다는 사실도 알게 되었다. 신나게 놀다 가기는커녕 하루 벌어 하루먹고살 만큼의 돈을 반으로 쪼개 아껴 가며 여행을 다니는 신세가 되었다. 한국에서 뼈 빠지게 모은 천만 원을 가지고 갔는데 집 보증금과 한 달 치 집세와 생활비, 생활용품 몇 가지를 사니 3개월 만에 그 돈을 모두 탕진했다. 런던에서 최저시급을 받고 일하면 한국에서처럼 적금을 부을 여력이 없다. 전세 개념이 없으니 늘 월급의 절반 이상이 월세로 빠져나간다. 대체 이곳 사람들은 어떻게 현재를 살면서 미래를 준비하는지 의아했다. 같이 일하는 동료들을 보니 대체로 그들은 미래를 준비하는 것 같지도 않았다. 일부 사람들의 이야기일 수 있으나 그곳에서 살아가는 젊은이 대부분은 적금을 붓기는커녕 마이너스 통장으로 생활하고 있었다. 그래도 해맑았고, 마이너스 통장으로 사고 싶은 것을 사고 먹고 싶은 것을 먹으며 하루하루를 살아가고 있었다. 비교적 집값이 저렴한 런던 외곽에 살며 저렴한 슈퍼마켓에서 장을 보고 저렴한 음식을 먹으면 그럭저럭 살아지는 것이다. 그중에는 학생도 있었고 가정을 꾸린 가장도 있었다. 나에게는 아르바이트였지만 그들에게는 직업이었다. 그들은 미래를 구체적으로 계획하지 않았지만, 현재 일하는 곳을 딱히 평생직장이라고 생각하지도 않는 것 같았다. 마이너스 통장을 쓰면서도 미래에 대한 걱정 없이 지금을 살아가는 그들이 늘 신기했다. 그들도 멀쩡히 간호사로 지내다가 갑자기 타국에 와서 백화점 판매원 일을 하며 돈이 조금 모이면 훌쩍 여행을

갔다 오는 나를 신기하게 봤을 수도 있다.

어쨌거나 그 당시 나는 인테리어 소품에 환장하는 사람이었지만 다시 한국으로 돌아갈 때 챙겨야 할 물건이기에 최대한 사지 않는 습관을 들여야만 했다. 백화점에서 일하다 보니 정말 갖고 싶은 물건도 꽤 값이 나가서 사지 않은 때보다 사지 못한 때가 더 많기도 했다. 그러다가 런던 길거리에 꽤 많이 보이는 옥스팜(Oxfam)이라는 상점이 눈에 들어왔다. 좀 소심한 면이 있어서 점원이 말을 걸 것 같은 조그만 상점에는 잘 들어가지 않는 편인데, 옥스팜도 그런 부류의 상점이었다. 어느 날 새로 이사한 동네에서 한가롭게 산책하던 중에 옥스팜을 또 발견했고, 대체 무엇을 파는 곳인지 궁금한 마음에 들어가 보았다. 옥스팜은 한국의 '아름다운가게' 같은 곳이었다. 국제적인 빈민구호단체인데, 그때 내 눈에는 일단 중고 물품을 저렴하게 파는 곳 정도로 인식되었다. 그때까지 한국에서도 아름다운가게를 가 본 적이 없었기 때문에 중고 옷 가게나 빈티지 마켓이 아니라 모든 생활용품을 중고로 파는 상점은 처음이었다. 신기한 마음에 찬찬히 둘러보는데 빈티지 와인잔, 액자, 가구, 의복, 책 등을 매우 저렴하게 판매하고 있었다. 값은 저렴하지만 빈티지한 매력의 물건이 가득해 가슴이 콩닥거리기 시작했다. 무려 런던의 빈티지 상점이 아닌가! 살림살이를 늘리지 말자고 애써 마음을 추스르고 손때 묻은 작은 액자 두 개를 골라 구매했다. 아마 만 원도 안 되는 가격에 샀던 것으로 기억한다. 액자에 무엇을 넣을까 고민하다가 오랜만에 그림을 그렸다(간호대를 가기 전에 미대에 먼저 진학했었다). 완성한 그림을 액자에 넣고 집을 장식하니 분위기가 살았다. 무엇보다 조금씩 흠집이 나 있는 액자가 무척 마음에 들어 한국에도 잊지 않고 챙겨 왔다.

한국에 와서는 중고 상점을 잊고 살다가 결혼과 동시에 이사를 준비하며 버리기엔 아깝고 갖고 있기엔 애매한 물건들이 하나둘씩 나왔다. 책과 옷가지가 대부분이었는데, 책은 중고 서점에 판매했고 옷은 아름다운가게에 기증했다. 아름다운가게에 기증하면 연말 정산용 기부 영수증을 받을 수 있다는 새로운 사실도 알게 되었다. 옷 말고도 기증할 수 있는 품목이 다양했다. 새로운 물건이 쏟아지고 많은 것이 버려지는 시대에 이런 사회적 기업이 있어서 다행이라는 생각이 들었다. 누군가는 의식을 가지고 살아가고 있구나 하는 안도감 같은 것이었다. 아무리 저렴해도 누군가의 손을 탄 물건을 산다는 것이 쉽지는 않다. 중고 물품을 사고파는 앱이 성행하고, 젊은 층 사이에서 동묘 시장이나 빈티지 제품이 유행하는 요즘의 흐름이 그래서 더욱 반갑다. 예전에는 중고 물품 하면 퀴퀴하고 낡은 이미지가 떠올랐는데 요즘은 전혀 그렇지 않다. 근사하게 꾸민 빈티지 상점과 깨끗한 중고 물품을 쉽게 찾아볼 수 있다. 추억 속 단어였던 '아나바다'가 다시 주목받는 이유는 돈은 물론 자원까지 아끼고 도움이 필요한 사람들을 도울 수도 있기 때문이다. 유행은 돌고 돈다던데, 어쩌면 지구가 이 흐름을 간절히 원했던 것은 아닐지.

내 휴대폰은 만으로 4살입니다

　　세상이 빨리 변한다고 느낄 때가 종종 있는데, 무엇보다 전자기기가 전에 비해 엄청나게 발달했다는 것이 피부에 와닿을 때가 특히 그렇다. 나의 부모님이 어렸을 때는 집에 냉장고도 TV도 없었고, 흑백 TV라도 있는 집은 정말 잘사는 집이었단다. 그 당시 여성들은 손으로 빨래를 해 가며 그 많은 자식을 어떻게 다 키워 냈는지 새삼 놀랍다. 내 눈에는 부모님이 아직 젊기만 한데, 그런 어린 시절을 보냈다고 하니 정말 머나먼 과거에서 온 사람들 같다. 하긴 내가 어렸을 때도 스마트폰, 스타일러와 건조기, 비데나 제습기 등을 아무렇지도 않게 사용하리라고는 상상도 못했다. 초등학생 때 미래를 주제로 그림을 그리게 되면 너도나도 하늘을 나는 자동차를 그렇게 그려 댔던 것 같다.

　　캐나다로 유학을 떠났던 고등학생 때는 가족, 친구들과 손편지를 주고받느라 늘 국제 우편용 편지봉투를 구비해 두었다. 물론 이메일이나 인터넷 카페도 사용했다. 우리 가족은 인터넷 가족 카페에 디지털 카메라로 찍은 사진을 업로드하며 서로의 생활을 공유했다. 내 일상을 좀 더 생동감 있게 보여 주고 싶어 디지털 캠코더도 구입했던 기억이 난다. 하지만 영상을 찍고 올리는 것이 번거로워 몇 번 쓰지 않았는데, 지금은 그 캠코더가 어디에 있는지도 모르겠다. 그때는 음악도 거의 CD 플레이어를 통해 들었다. 아빠는 주기적으로 가요와 팝송 CD를 보내 주셨고, 나는 지누션 CD를 캐나다 친구들에게 빌려주며 같이 들었다. 그러다가 어느 여름방학에 부모님과 용산에 가서 족히 50만 원은 넘게 주고 MD 플레이어를 장만했다. 하지만 MD 플레이어는 사용법이 귀찮아 뽕을 뽑지도 못하고 곧바로 MP3로 갈아탔다. 당시 가장 자주 이용했던 전화 통화는 늘 국제전화카드를 사서 해야 했는데, 5년간 유학하며 쓴 전화 비용도 꽤 될 것이다. 쓰고 보니 내 부모님은 나에게 참 많이도 지원해 주신 것 같다. 지금이라면 그 모든 것을 스마트폰으로 해결할 수 있었을 텐데. 10년만 늦게 태어났더라도 전자기기 과도기의 시대에 휩쓸려 부모님 돈을 허투루 쓰지 않았을 거라 생각하면 괜히 마음이 쓰리다.

가장 혁신적인 전자기기로 나는 스마트폰을 꼽

고 싶다. 대학 졸업 후 사회생활을 하고 있던 즈음에야 스마트폰을 처음 장만했는데, 평소에 전화도 문자도 많이 하는 편이 아니라서 친구에게 중고 공기계를 받아 사용한 것이었다. 반 의무적으로 참여해야 하는 회사 단톡방이 없었다면 아마 스마트폰 사용을 미뤘을지도 모른다. 한때는 폴더 폰을 다시 쓰고 싶어 '효자폰'이라도 사야 하나 생각한 적도 있다. 하지만 이미 휴대폰으로 예전에는 PC로 즐기던 게임이나 인터넷 쇼핑, 금융 서비스도 전부 이용하고 있어 이제는 스마트폰이 없다면 일상이 매우 불편할 것 같다.

휴대폰을 자주 바꾸는 스타일은 아니지만 무척 험하게 쓰는 편이다. 자주 떨어뜨리는 것은 기본이고 케이스를 끼우는 것도 답답하다고 생각하기 때문에 아무런 보호장비 없이 쓴 내 휴대폰에는 자잘한 스크래치가 많다. 아직 내 휴대폰 액정이 단 한 번도 깨지지 않은 것을 남편은 매우 신기하게 생각한다. 영국에 있을 때도 3~4년째 같은 휴대폰을 사용하고 있었는데 그만 도난당하고 말았다. 영국에서는 휴대폰을 도난당하기 쉽다고 들어서 항상 주의를 기울였지만, 조정 경기를 구경하는 사이 주머니에 있던 휴대폰이 없어져 버렸다. 어떤 사람은 통화를 하고 있었는데도 오토바이인지 자전거인지를 탄 사람이 휴대폰을 확 낚아채 갔다고 한다. 유럽의 휴대폰 도난 괴담을 말하자면 끝이 없을 것이다. 아무튼 휴대폰이 그렇게 없어진 후, 기계 자체는 이미 고물에 가까워 크게 아쉽지 않았지만 그 안에 있는 사진을 포함해 온갖 개인 노트나 정보를 잃어버렸다고 생각하니 내 몸의 일부를 도난당한 것만 같았다. 사진이나 사적인 메모를 떠나 금융 정보, 생체 정보와 같이 사용자의 세세한 정보로 꽉 차 있는 스마트폰은 마치 한 개인의 분신과도 같다. 스마트폰에 깔린 앱이나 검색어만 살펴봐도 이 사람이 어떤 사람인지 파악할 수 있을 정도다. 스마트폰은 이제 통신 수단 그 이상의 의미를 가진다. 유명 브랜드의 최신 모델이 출시되면 사람들은 그 매장 앞에 줄을 서서 스마트폰을 구매한다. 어차피 언제라도 살 수 있지만 남들보다 조금 더 일찍 소유하고 싶은 것이 되었다. 스마트폰 카메라는 날이 갈수록 성능이 발전하고 있어서 사진 찍는 것을 좋아하는 나도 카메라가 세 개 달린 스마트폰이 갖고 싶을 때가 있다. 내 휴대폰은 이미 약정도 다 끝났고 4년째 쓰니 아무래도 좀 질릴 때가 있다. 하지만 아무리 떨어뜨려도 고장 날 생각을 안 하고, 살짝 무거워서 동영상을 볼 때 손목이 아픈 것 빼고는 딱히 불편하지도 않다. 멀쩡한 휴대폰을 바꾸려고 하니 수명이 다하지 않은 식물을 그냥 죽이는 느낌이 들었다. 그러다가 휴대폰을 오래 쓰는 것도 환경과 인권을 보호하는 방법이라는 사실을 알게 되면서 좀 더 소중히 사용하고 있다.

휴대폰, 노트북, 의료 장비 등의 전자기기는 콜탄이라는 광석에서 나오는 탄탈륨으로 만든다. 이 콜탄은 콩고에 80% 이상이 매장되어 있다. 콜탄이 '피의 광물', '피 서린 휴대폰(bloody mobile)'이라는 별명을 갖게 된 이유는 많은 사람과 야생동물의 피의 대가로 얻어지는 광물이기 때문이다. 콩고는 콜탄을 판 돈을 전쟁 자금으로 사용했다. 1994년부터 2003년까지 전쟁을 치르고 있었는데, 그때 필요한 자금을 콜탄을 팔아 마련했던 것이다. 현재는 전쟁이 끝났지만 갈등은 여전히 남아 있다고 한다. 콩고에서는 어른, 어린이 할 것 없이 모두 위험한 환경에서 안전장비 없이 콜탄을 채굴한다. 채굴을 위해 폭탄을 사용해야만 하는데, 이 때문에 제대로 된 집이 남아 있지 않다. 또한 콜탄이 매장된 숲에 사람이 몰리면서 야생동물을 잡아먹기 시작했는데, 그중 몸집이 커 고기가 많이 나오는 고릴라가 특히 많이 희생되었다고 한다. 그 숲의 고릴라 중 77%가 지금은 사라진 상태다. 전 세계 사람들이 자기도 모르게 스마트폰과 노트북을 쉽게 소비하는 동안 지구 한편에서는 끔찍한 일이 벌어지고 있었던 것이다. 국제 사회는 2016년 11월 책임광물(Responsible Minerals)이라는 개념을 도입해 인권과 환경 문제를 야기하는 광물에 대한 규제를 준비하고 있다. 네덜란드에서는 공정 무역 스마트폰인 페어폰(Fairphone)을 출시했다. 이 스마트폰은 분쟁 지역이 아닌 곳에서 생산한 광물로 스마트폰을 제조하는 것은 물론, 현지에서 노동 착취 등의 윤리적 문제가 발생하지 않는지 살펴본다고 한다. 이 스마트폰은 고장이 나면 기기 전체를 바꾸는 대신 모듈식으로 고장 난 부품의 일부만 바꿔 사용하기 때문에 불필요한 소비와 폐기기 배출을 막는다. 게다가 기기를 구매할 때 이어폰과 충전기가 필수로 딸려 오지 않는다. 사용자 대부분이 이어폰과 충전기를 이미 갖고 있기 때문이다. 카메라 품질이나 기본적인 사양도 우수한 편이라고 한다.

고장 난 부품의 일부만 바꾸는 페어폰의 전략은 '계획적 진부화'에 대응하는 방식으로도 볼 수 있다. 계획적 진부화는 기업이 기존 제품을 고의로 진부하게 만들어 제품의 수명이 다하기 전에 소비자가 새 제품을 사도록 유도하는 전략이다. 나는 이 개념을 다큐멘터리 영화

「전구 음모이론(The Light Bulb Conspiracy, 2010)」에서 알게 되었다. 영화는 고장 난 프린터를 수리하려는 한 남자를 소개하며 시작한다. 남자는 수리를 위해 상점을 여러 군데 돌아다니지만 모두 부품을 교체하는 가격보다 새 프린터를 사는 것이 더 저렴하다며 제품 구매를 권유한다. 하지만 포기하지 않고 스스로 수리하기 위해 정보를 수집하던 중 남자는 프린터 내부에 의도적으로 장착된 칩의 존재를 알게 된다. 이 칩은 프린터를 설정해 놓은 기간 이상 쓰면 작동하지 않도록 하는 용도로 의도적으로 삽입된 것이었다. 남자가 이 칩을 제거하자 프린터는 제대로 작동하기 시작했다. 영화는 이 사례를 포함해 포드사의 자동차, 애플사의 아이팟, 그 밖에도 전구, 스타킹 등 계획적 진부화가 적용된 실제 사례를 보여 준다. 수많은 전자기기 폐기물 중에는 아직 쓸 만하지만 기업의 이익을 위해 소비자가 조금 더 빠른 주기로 새 제품을 구매하도록 유도한 결과 버려진 것이 아주 많다. 전자기기 폐기물은 가나와 같은 개발도상국에 중고 전자 제품이라는 허울을 쓴 채 버려진다. 영화에서는 가나의 맑은 강과 대지가 거대한 고물상으로 변해 버린 모습, 날카로운 고철을 수집하고 태우다가 병든 아이들의 이야기도 나온다. 몇 년 쓰고 성능이 떨어져 바꾼 컴퓨터와 노트북도 지금 생각해 보니 계획적 진부화에 당한 결과다. 나도 모르는 사이 환경을 오염하고 누군가를 병들게 했으며 엉뚱한 사람만 배불렸다.

스마트폰을 쓰다 보면 가끔 번아웃 증상처럼 정신적으로 무척 피로해져서 정말 기본적인 기능만 있는 휴대폰으로 돌아가고 싶을 때가 있다. 가족끼리 생사만 확인할 수 있는 그런 전화기 말이다. 스마트폰으로 전 세계 사람들이 어떻게 살고 있는지 확인할 수 있는 반면 사생활이 과하게 노출되는 기분을 느낄 때가 있다. 동영상과 SNS에서 빠져나오고 싶은데 중독처럼 자꾸 얽매이는 나를 발견할 때도 스마트폰이 참 밉다. 그런 생각을 하면서도 일분일초도 손에서 놓을 수 없는 것이다. 온갖 개인 정보가 다 들어 있으니 잃어버리지 않도록 신경을 쓰지 않을 수도 없다. 결국 신체의 일부처럼 어딜 가든 가지고 다니는데, 그러다 어느 날 최신 스마트폰 광고라도 보게 되면 나도 모르게 스마트폰 바꿀 때 안 됐나 하는 생각이 드는 것이다. 하지만 이제는 콩고의 생태계를 지키기 위해, 또 수많은 전자기기 폐기물을 소화하느라 병드는 지구를 위해 끝까지 써 보려 한다. 목표는 10년 이상 쓰는 것인데 그러려면 잘 떨어뜨리는 습관부터 고쳐야겠다. 정말로 내 몸의 일부처럼 소중히 다룰 것이다.

5장
바디버든 언택트 생활

화학 물질에 관한 축소주의

피부에 양보는 적당히

학창 시절에는 이효리에게 별 관심이 없었다. 다들 예쁘다고 하는데 내 눈이 이상한 건지 취향이 다른 건지 도통 공감하지 못했다. 그러던 어느 날 「힐링캠프」에 나온 효리 언니(이때부터 효리 언니로 부르기 시작했다)를 보고 완전히 반했다. 본인의 소신을 지키며 선한 영향력을 미치는 모습에 내 마음도 움직인 것이다. 화려한 겉모습보다 내면에 더 집중하려는 노력부터 동물을 사랑하는 마음으로 채식을 시작한 마음까지, 이 사람이 TV에 나오는 연예인이 아니라 옆에서 진심으로 인생 이야기를 들려주는 언니 같았다. 그때부터 효리 언니가 TV에 나오거나 블로그를 하거나 인스타그램을 하면 늘 소식을 찾아보곤 했다. 언니는 정말 꾸준히 동물을 사랑했고 환경을 보호하는 방법을 공부하는 것 같았다. 평소에는 화장을 잘 하지 않고 선크림도 웬만해선 바르지 않는다는 이야기도 들었다. 화장은 그렇다 쳐도 볕이 강렬한 제주에서 여름에도 선크림을 바르지 않는다는 것은 용기 있는 행동이다. 어떤 연예인은 잘 때도 선크림을 바를 정도라고 하고, 뷰티 채널을 보면 다른 건 다 생략해도 선크림은 꼭 바르라고 강조하는데, 효리 언니가 선크림을 바르지 않다가 피부 질환에 걸리는 것은 아닌지 걱정까지 했다.

30대 초반에 나는 간단하게라도 화장을 하지 않으면 집 앞 편의점에도 나가지 못했다. 눈썹과 입술은 흐리멍덩하고 땀구멍은 왜 그리 커 보이는지, 누가 내 얼굴을 보고 놀랄 것 같아서 늘 화장을 하고 나갔다. 20대 때는 아이라인 없이는 밖에 나가지 않았다. 아이라인 문신을 하고 나서도 아이라인을 계속 그리고 다녔는데, 30대가 된 어느 날부터 안구건조증이 눈을 뜰 수 없을 정도로 심해져 아이라인을 그리지 못했다. 거울을 볼 때마다 얼굴이 뭔가 맨송맨송한 느낌이 들었지만, 회사 동료를 포함해 주변 사람들은 달라진 내 모습을 알아채지 못했다. 엄마가 맨날 하던 말씀이 떠올랐다. "사람들은 네 얼굴에 관심 없어. 세수했는지 안 했는지도 모를걸?" 그렇다. 사람들은 타인의 외모에 별 관심이 없다. 그 후에도 아이라인을 제외한 간단한 화장은 늘 해 왔는데, 결정적으로 코로나바이러스가 발생한 이후에는 매일 마스크를 끼고 출근하면서 하나씩 내려놓기 시작했다. 처음엔 립스틱, 그다음엔 블러셔, 그리고 파운데이션까지. 비 오고 흐린 날에는 선크림도 마다하고 오로지 눈썹만 그리고 다닌다. 고등학생 때 이후로 로션만 바른 맨 얼굴로 이렇게 오랫동안 바깥 생활을 한 적이 없는 것 같다. 한번 내려놓고 나니 화장 안 하는 게 어쩜 이리 편한지, 자연스럽게 생기가 도는 내 피부가 낯설지만 반가웠다. 얼굴에 먼지가 묻거나 가려울 때 화장 지워질 걱정 없이 시원하게 긁거나 닦을 수 있어 좋다. 온전한 내 얼굴을 되찾은 것 같아 기쁜 마음도 들었다. 결국 화장이라는 건 남에게 보여 주기 위한 것이었을까.

화장을 하지 않게 되면서 피부에 화학 물질을 덜 바르는 느낌이 들어 좋다. 환경에 관심을 두게 되면서 한때 기초 화장품을 만들어 쓴 적이 있었다. 영국에 있을 때 우연히 천연 화장품 레시피 책을 구매했고, 유명 천연 화장품 브랜드보다 비교적 저렴한 가격으로 천연 화장품을 만들어 쓸 수 있다는 사실에 매료되어 재료를 구입해서 로션부터 메이크업 리무버, 샴푸와 바디워시까지 만들어 썼다. 직접 만든 화장품의 품질에 매우 만족했고 한국에 와서도 이 취미를 이어 갔다. 하지만 되도록 방부제를 적게 쓰려다 보니 습도 높은 제주도로 이주한 후에는 화장품에 곰팡이가 번식하는 속도가 빨라졌고, 이제 더는 만들어 쓰지 않는다. 화장품과 비누를 만들어 사용한 기간이 3년 정도인데, 책을 보고 그대로 따라 만들었을 뿐 화학 반응이라든가 비누화 과정에 대해 충분히 이해한 것은 아니었다. 화학 반응에 관한 내용은 아무리 읽어도 이해되지 않았고, 화장품이 원하는 대로 만들어지지 않아도 레시피를 어디서부터 어떻게 수정해야 하는지 알 수 없어 실패작이 나오면 죄다 버리곤 했다. 게다가 소량을 만들어 쓰니 재료의 유통기한은 계속 지나갔고 그만큼 폐기하는 재료도 많아졌다. 애초에 화장품을 만들어 쓰고자 했던 이유는 비용적인 문제는 물론 몸에 바르는 화학 성분을 최소화하고, 용기를 재활용해 플라스틱 사용을 줄일 수 있기 때문이었다. 하지만 재료비와 제주행 화물의 배송비도 만만치 않았고, 화장품을 만들 때 넣는 재료의 수만큼 플라스틱 쓰레기가 나왔다. 더욱이 기초 지식 없이 레시피만 따라 만드는 화장품의 품질에도 한계가 있었다. 그리하여 되도록 유리 용기에 담긴 순한 제품을 구매하는 소비자로 다시 돌아오게 되었다. 쓰레기를 줄이기 위해 나에게 필요한 보습 정도에 따라 기초 화장품도 최소한만 바르고, 색조 화장품 역시 가급적 최소한만 구비한다.

화장품을 만들어 쓰면서 확실히 알게 된 것은 방부제의 필요성이다. 아무리 천연이 좋아도 위생을 포기하면서까지 고집하고 싶지는 않았다. 다행히 요즘에는 소비자도 화장품 성분을 꼼꼼히 따지며 화학 물질에 대해 경각심을 가지고 살펴보기 때문에 피부에 독한 성분이 화장품에서 점차 사라지고 있는 추세다. 예전에는 파라벤이라는 방부제 성분을 기초 화장품과 자외선 차단제, 치약 등에 널리 사용했으나 유방암과의 상관성이 보고되면서 파라벤 프리 제품으로 대부분 대체되고 있다. 하지만 파라벤을 대체한 에틸헥실글리세린이나 페녹시에탄올과 같은 성분 역시 식물 유래 물질이라고 해도 화학 공정을 거쳐야만 하고 보존 기능이 상대적으로 약하며 알레르기, 피부염, 신경독성 등을 유발할 수 있는 것으로 보고되었다. 자몽씨앗추출물 또는 자몽종자추출물도 천연 추출물이라 인기가 높아졌지만 이 추출물 자체에 방부 효과가 있는 것이 아니라 인위적으로 첨가한 제4급 암모늄염 성분이 방부 효과를 구현하는 것이라는 발표가 있었다. 유럽에서 제4급 암모늄염은 때에 따라 주의를 요하는 성분으로 분류한다. 방부제뿐만 아니라 화장품에는 기본적으로 유화제, 착향료, 색소 등의 수십 가지 화학 물질이 들어가기 때문에 단계별로 여러 화장품을 사용할수록 더 많은 화학 물질이 주기적으로 피부에 스며들게 된다. 게다가 화장품을 담는 플라스틱 용기는 식품 용기가 아니기 때문에 유해 물질 규제로부터 비교적 자유로워서 환경호르몬이 검출되는 가소제가 종종 쓰이기도 한다.

인체에 유해하지 않을 만큼 소량 들어 있다 하더라도 평생에 걸쳐 반복적으로 노출되다 보면 체내에 축적되어 호르몬 교란이나 암을 유발할 수도 있다. 이렇게 천천히 병이 들면 그 원인을 파악하기도 어렵다. 미국의 화장품 브랜드 RMS beauty의 CEO 로즈메리(Rose-Marie)는 유명 배우, 모델과 함께 보그, 하퍼스 바자 등의 매거진에 실리는 유명 브랜드 광고 촬영지에서 수년간 일했던 메이크업 아티스트다. 로즈메리는 어느 날 이유 없이 아파 병원에서 정밀 검사를 받았는데, 그때 메이크업 제품에서 주로 발견되는 독성 화학 물질과 중금속이 몸에 축적되었다는 사실을 발견했다. 그길로 일을 그만두고 현재는 독성 물질을 최소화한 유기농 메이크업 제품을 만들어 판매하고 있다. 화장품 속 화학 물질은 체내에 쌓이지만 그렇다고 화장품을 사용하지 않고 살기는 어렵다. 천연 제품이나 유기농 화장품이라 해도 화학 공정을 거치고 방부제와 보존제를 첨가해야만 한다. 유통기한이 길지 않아 빨리 소모해야 하고, 천연 재료 자체가 알레르기를 일으킬 수도 있다. 다만 인체와 환경에 비교적 순하기에 사용하는 화장품의 종류를 축소하여 유기농 제품을 사용하는 것이 어느 정도 대안이 될 수 있는 것이다. 화학 물질 외에도 치약과 샴푸 같은 생활용품이나 각종 세정제에는 미세 플라스틱이 첨가되어 있다. 주로 세정력을 높이거나 연마 용도로 사용해 왔지만 예전에는 미처 몰랐던 미세 플라스틱의 실체가 드러나면서 공포로 다가오고 있다. 플라스틱이 해양으로 흘러가서 마모된 것이 물에 섞이고, 미세한 크기가 되어 물고기가 섭취한 것이 인간의 체내에도 들어오게 된 것인데, 미세 플라스틱에 관한 연구는 이제 막 시작되었기 때문에 실제로 우리에게 어떤 영향을 주는지 명확히 밝혀진 것은 없지만 환경과 인체에 좋을 것 같지는 않다.

환경에 직접적으로 영향을 미치는 화장품에는 자외선 차단제도 있다. 다른 건 몰라도 선크림은 반드시 발라야 한다지만 장시간 햇볕에 노출되지 않는 이상 굳이 그래야 할까. 여름철 바닷가에서 온몸에 선크림을 바르고 물에 뛰어드는 사람들 때문에 세계적으로 해마다 1만 4,000여 톤의 자외선 차단제가 바닷물로 들어가고,

물속에 전달되어야 할 자외선을 차단해 식물성 플랑크톤과 해조류의 생존을 위협하며 산호와 어류에 심각한 피해를 준다. 자외선 차단제의 옥시벤존이라는 성분은 산호가 하얗게 변색되는 백화 현상과 기형을 초래하며, DNA 손상을 일으키고 성장과 번식에도 악영향을 끼친다. 물 1만 6,250톤에 옥시벤존 한 방울이 들어가도 문제가 될 수 있다는 연구 결과도 있다. 또한 에칠헥실메톡시신나메이트는 산호 속의 바이러스를 활성화해 죽게 만든다. 미국 하와이 주 의회는 2018년 5월 1일 산호초 보호를 위해 이 두 가지 화학 물질이 포함된 자외선 차단제의 판매를 금지하는 법안을 통과시켰고, 2021년 1월 1일부터 효력이 발생한다. 자외선은 심한 경우 피부암까지 유발할 수 있기 때문에 아예 바르지 않을 수는 없다. 다만 귀찮더라도 자외선 차단제를 구매할 때 앞서 말한 성분이 함유된 것은 피하자는 것이다. 나는 바다에 가거나 장시간 야외 활동을 하지 않는 이상 습관적으로 자외선 차단제를 바르는 것을 멈추기로 했다. 요즘엔 얼굴 대부분을 마스크가 가려 주기 때문에 얼굴에 바르는 화학 물질을 줄일 수 있는 환경이 저절로 조성된 셈이다.

일을 잠깐 쉬면서 하루의 대부분을 집 안에서

만 생활했던 적이 있다. 그때 메이크업 제품은 물론 기초 화장품도 최소한만 사용해 보며 어느 정도의 보습이 내게 적당한지 알 수 있었다. 나이가 들수록 피부는 점점 더 건조해졌다. 바디워시나 클렌징폼 같은 세정제를 줄였는데도 겨울만 되면 두피부터 발끝까지 건조했다. 그때 다양한 제형의 보습제를 사용해 본 결과 내게 맞는 최소한의 보습 정도를 파악했다. 겨울용과 여름용을 달리해서 이제 보습제는 두 가지 이상을 사용하지 않는다. 피부가 더 좋았던 20대 때 단계별로 기초 화장품을 사용하는 데 돈을 썼던 것을 이제 와 돌이켜 보면 우습다. 메이크업도 마찬가지다. 화장을 안 하고 다니면서 오히려 왜 화장을 하는지 알게 되었다. 지금도 가끔 화장을 하지만, 이제는 용량이 적고 성분이 좋은 메이크업 제품을 구매하려고 한다. 언젠가 청담동 패션에 대해 들은 적이 있다. 진짜 부자는 걸치고 다니는 것은 다 명품이지만 얼굴은 맨 얼굴이라나. 그만큼 관리를 하기 때문에 맨 얼굴이 자신 있을 수도 있겠으나 여기서 핵심은 매일 관리받을 만큼의 재력이 아니라 맨 얼굴에도 당당한 태도다. 남들은 크게 관심 없는 내 얼굴을 다른 누구도 아닌 내가 예뻐해 주기로 했다. 유해한 화학 물질과 미세 플라스틱을 축소하고 자존감을 확대하는 방법으로 말이다.

나와 함께 성장하는 바디버든

어느 날 유튜브 알고리즘에 이끌려 어떤 영상을 보게 되었다. '밀라논나'라는 채널의 영상이었는데, 머리가 하얗게 센 할머니 유튜버가 운영하는 채널이다. 알고 보니 패션 분야에서는 아주 유명한 분이었다. 나는 어렸을 때 할머니, 할어버지가 모두 돌아가셔서 노년이 되면 어떤 일상을 살아가는 것인지 딱히 알 방법이 없었는데, 그녀의 브이로그를 통해 부모님보다도 더 많은 세월을 산 사람이 어떻게 일상을 지내는지 살짝 엿볼 수 있었다. 그 중 인상 깊었던 장면은 비누 없이 따듯한 물로만 샤워하는 모습이었다. 패션계에 오랫동안 몸담고 있던 분인 만큼 세정제는 물론 화장품도 고급 브랜드 제품으로 많이 가지고 있을 거라 생각했는데, 샤워는 비누 없이 짧게 하고 기초 화장품도 토너와 로션 단 두 가지만 바르셨다. 샴푸바로 간단히 세면대에서 머리를 감는 모습도 인상적이었다. 최소한의 화학 제품만 사용하면서 물로만 몸을 씻는 것이 피부에 더 좋다고 들었다는 내레이션에 격하게 공감하면서 인생 선배의 생활 속 지혜를 배울 수 있었다.

화장품과 마찬가지로 몸을 씻는 세정제와 청소하고 세탁하는 세제 또한 화학 물질로 이루어져 있다. 화장품을 직접 만드는 일은 그만두었지만 고체 비누는 아직 만들어 쓰는데, 비누를 직접 만들어 쓰는 이유는 구매하는 것보다 경제적이기도 하고 공장에서 만든 바디워시나 클렌징폼보다 화학 물질이 덜 들어간다고 생각하기 때문이다. 비누화 과정을 자세히 이해하지는 못했지만 책의 레시피를 그대로 따라 하기만 해도 집에서 쉽게 비누를 만들 수 있다. 하지만 어쨌든 가성소다나 가성가리를 사용하기 때문에 완전히 천연이라고 볼 수는 없다. 가정에서는 재료의 비율과 용량을 결코 전문가처럼 정확히 지킬 수 없기에 이렇게 만든 비누로 몸을 씻으면 피부에 기름이 남아 미끈거릴 수 있고, 강한 알칼리성 재료를 너무 많이 첨가하면 피부에 자극이 심해 비누로서 가치가 떨어진다고 한다. 집에서 천연 재료로 만들기만 하면 무조건 천연인 줄 알았는데, 가장 중요한 재료인 가성가리가 합성 화학 물질이었던 것이다. 뒤통수 얻어맞은 느낌을 뒤로하고 집에서 사용하는 베이킹소다, 과탄산소다, 구연산과 같은 천연 세제에 대해 좀 더 알아보기 시작했다.

우리가 흔히 쓰는 베이킹소다는 천연 원석에서

유래되지만, 이 원석이 나지 않는 우리나라에서는 대부분 합성 과정을 통해 베이킹소다를 만든다. 과탄산소다 또한 합성 물질이며, 구연산은 천연 유래 물질에 정제 과정에서 황산을 사용한다. 이들을 친환경 세제라고 부르는 이유는 상대적으로 환경에 덜 유해하기 때문이다. 일반 화학 제품에 비해 세정력은 높지 않지만, 세정력이 강해지면 피부와 호흡기에 미치는 자극도 크다. 물론 합성 세제는 환경에도 좋지 않다. 과거에 합성 세제의 주성분인 합성 계면활성제가 미생물에 분해되지 않고 하천에서 거품을 유발해 문제가 된 적이 있었다. 기업은 미생물에 분해가 잘되는 또 다른 합성 계면활성제를 내놓았고, 이 제품은 하천에서 수일 내로 완전히 분해되었다. 하지만 화학 공정 중에 합성 계면활성제의 일부 성분이 의도대로 결합하지 않으면 발암 물질로 변형되고, 이것이 수돗물에 섞여 인체로 들어와 잔존할 수 있다고 한다. 천연 계면활성제로 알려져 가정에서 많이 사용하는 코코베타인과 LES 계면활성제도 실은 발암 물질이 결합된 합성 계면활성제다. 원료가 천연일지라도 화학적 공정을 거치며 어떤 형태로 변화를 보이는지에 따라 유해성을 띠게 될 수 있는 것이다.

일상에서 화학 물질을 최소화하기 위해 일부 자연인처럼 모든 세정제와 세제를 거부할 수도 있겠지만, 질병 예방과 위생상의 문제를 생각하면 어려운 일이다. 특히 코로나19 같은 팬데믹 상황에서는 어디서든 손 소독제나 에탄올의 사용을 권장한다. 몸에 닿는 화학 제품은 충분한 시험을 거쳐 생산되고 있기도 하다. 그런데도 합성 세제를 최대한 줄여 나가려는 이유는 바디버든 때문이다. 바디버든은 일상에서 사용한 화학 제품으로 인해 체내에 쌓인 유해 물질의 총량을 뜻한다. 화학 성분이 포함된 제품으로 몸을 씻고, 집 안을 청소하고, 플라스틱이나 알루미늄에 담긴 음식을 먹고 마실 때마다 우리는 유해 물질에 조금씩 노출된다. 각각의 제품은 인체에 무해하다고 시험을 통과했을 테지만, 단기간 사용할 때는 문제 되지 않았던 유해 물질이 오랜 기간 차곡차곡 체내에 축적되는 것까지 국가에서 예방할 수는 없다.

체내에 환경호르몬, 발암 물질과 같은 유해 물질이 축적되면 각종 질병과 암, 불임 등의 문제가 발생한다. 이러한 화학 물질은 이미 환경으로 퍼져 생태계 교란이 시작되었다. 매일 아침 샤워할 때 쓰는 샴푸와 바디워시, 샤워를 마치고 바르는 각종 화장품. 뜨거운 커피가 들어 있는 종이컵과 플라스틱 뚜껑. 매일 한 번쯤 만지는 영수증과 온갖 식품 포장에 섞여 있는 비닐과 플라스틱. 방수 처리된 옷과 코팅 프라이팬, 기분 전환을 위해 피우는 향초까지. 우리의 일상에서 화학 물질이 들어가지 않은 제품을 찾아보기 힘들 정도다. 살균제 치약 사태, 라돈 침대 사태, 가습기 살균제 사태에서 경험한 바와 같이 안전하다고 믿고 사용한 생활용품이 발암 물질을 잔뜩 포함한 제품인 것으로 밝혀지고 나면 그때는 이미 늦은 것이다.

현재 전 세계적으로 등록된 화학 물질은 1억 3,700만 종 이상이며 점점 더 늘어나는 추세다. 화학 물질이 늘어날수록 우리 몸에 쌓이는 유해 물질도 더 늘어 갈 것이다. 세상에 나오지 않은 태아에게도 화학 물질이 검출되며, 담배를 피우지 않았는데도 폐암에 걸린다. 이는 어쩌면 일상생활에서 무심코 사용하는 강력한 세정제 때문이거나 중금속이 섞인 미세먼지를 지속적으로 흡인하여 폐가 점차 망가졌기 때문일지도 모른다. 화학 물질에서 검출된 환경호르몬은 체내 호르몬을 교란하여 불임을 유발하기도 한다. 지난 40년 동안 남성의 정자 수는 절반 이하로 줄었다. 환경호르몬은 성장기 발달 과정에서도 ADHD, 우울증, 정신 질환, 비만 등을 일으키는 원인이 된다. 인간뿐 아니라 동물도 화학 물질로 인한 피해를 보고 있는데, 까치나 비둘기, 개와 같이 인간과 가까이 지내는 동물일수록 체내에 쌓인 화학 물질이 현저히 많다고 한다. 심지어 개의 정자 운동성은 36년 전과 비교했을 때 30% 감소했고, DDT에 오염된 갈매기의 알 속에서 수컷의 여성화가 진행된 경우도 있었다. 환경호르몬의 영향으로 우리나라 서해안 일대의 물고기가 수컷 10마리 중 1마리꼴로 암컷으로 성 변화가 이루어졌고, 부산과 통영, 안산 등의 앞바다에서 잡은 64마리의 수컷 숭어 중 7마리의 생식기에서 암컷의 난소 세포가 발견되었다. 이러한 현상은 특히 산업 시설이 있는 곳에서 두드러졌는데, 산업 활동에서 비롯된 오염 물질이 생태계를 얼마나 파괴하는지 알 수 있는 대목이다. 저출산 때문에 미래를 걱정하는 우리는 자연의 수많은 다른 생물이 환경호르몬 탓에 성비 균형을 이루지 못하고 멸종에 이를 수 있다는 사실도 함께 우려해야 한다.

우리가 사는 집을 구성하는 바닥재와 벽지, 음식 담은 그릇을 덮는 랩, 매일 사용하는 플라스틱 용기까지. 피할 수는 없지만 축소할 수는 있다. 샴푸와 치약, 각종 세정제는 최소한만 사용하고 꼼꼼히 헹구는 습관을 들인다. 환경호르몬이 잔류해 있을 수 있으니 새 옷은 바로 입지 않고 세탁 후에 입어야 한다. 또 평소에 수시로 실내를 환기하는 것이 좋은데, 특히 탈취제나 방향제를 사용하거나 요리를 할 때는 반드시 창문을 열어 환기한다. 세탁물을 삶을 때는 되도록 그 수증기를 흡인하지 않도록 주의하는 것이 좋다. 화학 물질이 반복적으로 폐에 들어갔을 때의 위험에 대해서는 막상 피해자가 나오기 전까지는 모르기 때문이다. 새로 산 밀폐용기는 깨끗이 세척해 한 시간 정도 햇볕에 둔다. 자외선은 플라스틱 용기에 남아 녹아날 수 있는 작은 분자의 화학 물질을 떨어져나가게 한다. 하지만 페트병은 60도 이상의 열이나 자외선에 노출되었을 때 안티모니라는 발암 물질이 나올 수 있으니 뜨거운 여름날 페트병에 담긴 음료를 마실 때 주의해야 한다. 영수증은 짧은 시간이라도 되도록 만지지 않도록 하고, 플라스틱이나 코팅 프라이팬 등 화학 공정을 통해 제조된 모든 제품에는 높은 열을 가하지 않는다.

나는 요즘 소프넛이라고 부르는 솝베리(soapberry)를 매우 만족하며 사용하고 있다. 소프넛은 천연 계면활성제 성분이 풍부한 열매로, 물에 끓여 사용하거나 찬물에 우려 사용할 수 있다. 특히 소프넛으로 설거지를 하면 어쩌나 뽀득뽀득하게 닦이는지 그 세정력에 매번 감탄한다. 조금은 번거롭지만 우리 몸과 환경에 덜 유해한 방식이라는 점에서 마음이 놓인다. 물로 아무리 헹구더라도 식기에 주방 세제가 남아 있어 일 년이면 소주잔 한 잔 분량의 잔류 세제를 먹는다는 이야기가 있다. 누군가를 암살하기 위해 매일 수프에 세제 한 숟가락씩을 몰래 타는 어느 영화의 장면이 생각나 섬뜩해진다.

임산부는 화학 물질을 최소한으로 사용하기 위해 샴푸부터 바꾼다고 한다. 태어날 아이의 옷은 유기농 면으로 준비하고, 이유식 또한 안전한 재료인지 꼼꼼히 따져 만든다. 온갖 환경호르몬과 발암 물질로부터 아이를 보호하려는 것이다. 하지만 아이가 성인이 될 때까지 이것을 지속하는 부모가 몇이나 될까? 모두가 막 태어난 아이를 대하듯 자신의 몸을 아끼면 좋겠다. 임신했을 때나 아주 어렸을 때 잠깐 화학 물질을 멀리했다고 크게 바뀌는 것은 없을 것이다. 남녀 모두 체내에 축적된 화학 물질이 이미 DNA 자체에 영향을 미치며, 이는 당연히 자녀 세대로 이어질 수 있다. 바로 지금부터 할 수 있는 만큼 화학 물질을 멀리하는 습관을 들여 보자. 그 무엇도 아닌 소중한 나를 위해서다. 모두가 자신의 건강을 위해 행동하면 화학 물질

또한 적게 배출될 것이고, 그러한 실천들이 우리의 생태계
와 지구를 살리는 길로 이어질 것이라고 믿는다.

6장
보여 주지 않아도 보이는 사려 깊은 삶

탐욕과 경쟁에 관한 축소주의

미안해, 리트리버

얼마 전 집 앞에 홀연히 백구 두 마리가 나타 났다. 앞 농가의 강아지들이었는데, 서로 물고 뜯고 놀다 가 나와 남편이 다가가면 꼬리를 치며 정신없이 달려와 배 를 까고 나뒹굴었다. 천성적으로 사람을 좋아하는 모양이 었다. 개보다 고양이 파였던 나는 늘 개를 보면 짖거나 물 지는 않을까 무서워했다. 하지만 이 백구들은 달랐다. 작 아서 그랬는지 심장이 멎을 듯 귀여워서 그랬는지 모르겠 지만 선뜻 만지지는 못해도 얼굴 가득 엄마 미소를 띤 채 함께 있는 시간을 즐겼다. 백구들은 묶이지 않은 채 반경 300m 정도의 집 주변 공터를 뛰어다니며 하루가 다르게 성장했다. 곧 덩치가 더 커지면 저렇게 뛰어다닐 수 없을 것 같아 조금 씁쓸한 마음이 들었다. 앞 농가는 백구 말 고 또 다른 진돗개를 키우고 있었다. 이 진돗개는 자기 몸 만 한 우리에 갇힌 채 사람이 지나갈 때마다 짖었는데, 밖 에 나온 모습은 단 한 번도 보지 못했다. 그저 짖기 위해 살아 있는 것 같았다. 이렇게 귀여운 백구들도 같은 주인 을 만난 이상 어쩔 수 없이 갇히겠다고 생각했다. 그러던 어느 날 개 주인의 손녀가 백구들에게 목걸이를 달아 주었다. 수컷은 회색, 암컷은 빨간색으로. 내심 강아지를 개장수에게 팔지는 않을까 걱정하고 있었는데, 목걸이가 애정을 가지고 키울 것이라는 무언의 약속 같아서 안심했다. 하지만 백구들은 금방 컸고, 결국 나무판자로 아무렇게 만든 우리에 갇히고 말았다. 그 우리는 양옆과 뒤쪽 모두 바깥이 보이지 않게 막혀 있었고, 그나마 시야가 뚫린 곳은 벽을 향해 있었다. 그곳을 지나갈 때 들리는 백구의 짖는 소리가 마치 변성기를 맞은 소년의 목소리 같았다. 원 없이 달리고 마음껏 세상을 탐구했던 아이들이 하루 아침에 자기 몸 겨우 들어갈 곳에 갇혀 평생 살게 될 것을 생각하니 안쓰러웠다. 이렇게 키울 수밖에 없는 주인의 상황을 이해해 보려고 노력도 했지만 결국엔 이럴 거면 키우지 말지, 하는 생각이 반복되었다. 그렇다면 어떻게 키워야 할까. 강형욱 훈련사에 따르면 반려동물은 크든 작든 집 안에서 가족처럼 함께 키워야 한단다. 하지만 농가에서는 반려동물이라는 개념보다 집이나 농장을 지키는 용도로 개를 키우기 때문에 기대하기 어렵다. 그렇다면 개의 입장은 누가 생각해 주나. 좁은 우리에 갇혀 낑낑대며 우는 개들이 행복하지 않다는 것은 누가 봐도 알 수 있다.

환경 이야기를 하다가 왜 갑자기 동물이 나오는지 의아할 수 있지만, 동물과 사람은 모두 환경의 일부이자 환경 그 자체다. 환경을 해치면 동물과 사람 모두 불행해진다. 동물이 아프면 사람도 결국 아프게 된다. 동물이 아파서 발생한 바이러스가 사람에게도 감염되는 인수공통감염병이 그 증거다. 2019년 국내의 실내 동물원 두 곳에서 인수공통감염병을 일으키는 우결핵균으로 인해 코아티와 왈라비가 폐사했다. 두 곳 모두 체험형 동물원으로, 방문객이 코아티와 왈라비를 만질 수 있었다고 한다. 인간이 우결핵균에 감염되면 폐결핵, 장결핵 등에 걸릴 수 있다. 목축업이 발달한 뉴질랜드, 영국 등의 해외에서는 결핵 환자 중 우결핵균과 관련된 감염이 10~20%에 달한다. 축사에서 질병이 발생하면 관련 검사가 체계적으로 이루어지지만 코아티나 왈라비 같은 야생동물의 경우에는 그렇지 않다. 코로나19도 야생동물과의 접촉으로 확산했을 가능성이 큰 이 시점에서 동물과 공생하는 방법에 관해 조금 더 깊게 생각해 보아야 할 것이다.

동물원이나 펫 샵, 야생동물 시장 등 동물 관련 산업은 주로 인간의 수익을 위해 존재한다. 인간과 동물이 함께 행복하다면 상관없겠지만 인간이 수익을 좇아

동물 사업을 벌이는 과정에서 동물은 신체적 정신적 질병에 시달리고, 비위생적 환경에서 무작정 운영하던 사업이 망하거나 감염병이 발생하게 되면 결국 인간도 불행해진다. 동물과 주변 환경, 인간이 모두 병드는 결과를 초래하는 것이다. 우리나라는 동물원에 대해 허가제가 아닌 등록제를 시행하고 있다. 동물원을 설립하는 데 필요한 기준이 높지 않아 수의사와 의료 체계를 갖춘 동물원 외에 개인이 지하에 차린 사설 동물원도 많다고 한다. 이런 곳은 동물 판매도 병행하고 있다. 어두운 곳에서 생활하는 박쥐를 인공 조명 아래에 두거나 행동반경이 넓은 사자와 호랑이를 좁고 햇볕도 들지 않는 어두운 지하실에 전시해 놓은 곳도 있다. 나무를 타며 생활하는 라쿤은 콘크리트 벽으로 둘러싸인 공간에 갇혀 불안에 떤다. 전시된 동물을 사람들이 잘 구경할 수는 있겠으나 이 동물들은 이상 행동을 보이는 경우가 많다. 고개를 연신 좌우로 흔든다든지, 좌우로 계속해서 왔다 갔다 한다든지, 자신의 배설물을 먹거나 음식이 아닌 물체를 삼킨다든지. 이렇게 목적 없는 행위를 끊임없이 반복하는 것은 정형행동이라는 일종의 정신 질환에 속한다. 우리가 분노하는 마루타와 다를 것이 없다.

인간과 가장 친하면서 인간에 의해 가장 고통 받는 동물은 다름 아닌 개와 고양이일 것이다. 몇 해 전 우연히 접한 「순종견에 관한 불편한 진실들(미국의 TV 프로그램 'Adam Ruins Everything' 시리즈물 중)」이라는 영상을 통해 몰랐던 사실을 알게 되었다. 지금 우리가 알고 있는 견종이라는 개념은 원래 존재하지 않았다는 것이다. 19세기 빅토리아 시대에 영국에서 우생학이 크게 유행했고, 부유층 사이에서는 새로운 품종의 개를 경쟁적으로 만들었다. 이때 생겨난 수많은 견종을 지금은 순종이라고 부르지만, 사실 이들은 근친교배종이라고 불러야 맞다. 이러한 순수 교배법은 자연의 섭리를 거스른 채 인간의 즐거움을 위해 만들어진 유전자 조작법의 한 방식이다. 인간도 아주 오래전에는 왕족끼리 근친혼을 했다. 오스트리아 합스부르크 왕가가 대표적이며, 근친혼으로 인해 유전병에 걸리고 오래 살 수 없다는 것을 알고 나서야 근친혼을 그만두었다고 한다.

그렇다 보니 소위 순종이라는 개들도 유전병을 안고 태어날 수밖에 없다. 골든 리트리버의 60%가 암으로 사망하고, 킹 찰스 스패니얼의 1/3은 자기 뇌의 크기보다 훨씬 작은 두개골을 가지고 태어난다. 그레이트 데인은 심장이 몸의 크기를 감당하지 못하고, 불독은 코가 너무 찌부러져 숨을 잘 쉴 수 없을뿐더러 머리가 너무 커서 제왕절개를 통해서만 새끼를 낳을 수 있다고 한다. 또한 꼬리가 몸속으로 자라는 경우도 있고, 대부분 고관절 이형성증이라는 병을 갖고 태어난다. 이러한 모든 유전병은 이종교배로 해결할 수 있다. 가장 자연적이고 건강한 개는 우리가 깔보듯 말하는 잡종견이다. 품종 있는 개는 귀여운 외모를 얻는 대신 자주 아프고 오래 살지 못하는 생을 떠안게 된 셈이다. 오로지 인간의 욕심 때문에. 그렇다면 품종견은 그저 인간에게 즐거움을 주기 위해 태어났다가 필연적으로 아파 죽을 수밖에 없는 것일까? 개와 고양이를 전시해 놓고 물건 팔듯 파는 펫 샵을 볼 때면 불편한 마음이 드는 것이 당연하다. 그곳에 전시된 작은 생명체들은 그들에게 매겨진 가격만큼 대우받으며 태어나지 않는다. 비위생적이고 좁은 공간에 개 혹은 고양이 여러 마리를 욱여넣고 인위적으로 교배시키는 농장에서 어쩔 수 없이 태어난다. 어미는 수많은 유전병과 함께 육체적 정신적 스트레스로 인한 또 다른 질병을 반 강제로 새끼에게 물려준다. 그렇게 태어난 새끼를 사람들은 몇십만 원에서 몇백만 원을 주고 구매한다. 이것이 과연 동물을 사랑하는 방식인 것인지 다시 한 번 생각해 봐야 할 것이다.

남편은 개를 꽤 좋아한다. 언젠가 환경적 여유가 생기면 인연이 닿는 유기견을 입양해 키울 수도 있겠다. 그러므로 가끔 생각한다. 동물의 복지는 어디까지인지, 개를 개답게 키우는 것은 또 무엇인지. 개가 인간과 한 집에서 마치 인간의 새끼처럼 지내는 것이 정말 맞는지에 대해서도 의문이다. 개는 밖에서 뛰노는 것을 좋아하고 체격 조건도 그에 맞춰져 있는데, 인간의 이기심으로 초원에서 마음껏 뛰놀지 못하고 온갖 화학 물질이 가득한 좁은 공간에서 가짜 음식 같은 사료를 먹으며 사는 것일 수도 있다. 인간이 손을 달라면 줘야 하고, 인간과 같이 이빨을 닦고 옷을 입으며, 중성화 수술을 당하거나 같은 혈통의 새끼를 낳아야 할지 모른다. 그래도 버려지지 않으려면 최선을 다해 자신의 전부인 몸뚱이로 귀엽게 어필해야 한다. 물론 개와 고양이가 진짜 무엇을 원하는지 알 수는 없다. 누구는 최대한 인간과 유사한 방식으로 키우고자 할 것이고, 어떤 사람은 그것이 너무 극성맞다고 생각할 것이다. 동물을 끔찍이 아끼는 사람이 있는 반면 그냥 끔찍하게 생각하는 사람도 있다. 또 어떤 사람은 동물을 마냥 돈으로 본다. 확실한 것은 하나다. 환경 그 자체인 동물도 건강하게 보호하는 것이 우리의 사명이라는 것. 그러기 위해서 무엇이 최선인지 늘 고민해야 할 것이다.

순리대로

간호사가 되기 전에는 병원에서 나는 특유의 알코올 냄새가 너무 싫었는데, 병원에 실습을 나가기 시작했던 간호학생 때부터는 이상하게 병원에 가도 소독약 냄새가 나지 않았다. 요즘 병원은 환기 시설이 잘돼 있어서 그런가 보다 생각했지만, 병원을 특수한 장소가 아닌 그저 회사라고 생각했기 때문이 아닐까 싶다. 환자에게 약을 쓰고 수술이나 시술로 생살을 찌르거나 가르는 이미지를 떠올리면 거부감이 들지만, 사실 병원은 기초 면역과 생활 습관이 무엇보다 중요하다는 사실을 수없이 강조하는 곳이다.

인체는 하나의 유기체로서 스스로 방어하기 위한 기제를 가지고 있다. 스스로 방어하지 못해 외부의 도움을 받아야 할 때 필요한 장소가 바로 병원이지만, 병원에서도 불필요하게 인위적인 처방은 내리지 않는다. 이를테면 정맥주사를 놓을 필요 없는 상태의 환자에게는 굳이 수액을 처방하지 않고 물을 많이 마시라고 격려한다.

나트륨 수치가 높지만 심각하지 않다면 저염식을 먼저 권하고 약부터 처방하지 않는다. 한번 약을 쓰면 그에 따른 부작용 때문에 또 다른 약을 쓰게 되는 상황이 발생하고, 스스로 회복할 시간을 주지 않으면 약에 의존하게 될 수 있기 때문에 몸이 현재 상태를 충분히 이겨 낼 수 있다면 인위적인 처방은 하지 않는 것이다. 수술 후 잘 회복하고 있는 젊은 환자가 있었다. 누워 있는 자식이 안쓰러웠는지 그의 어머니가 영양제를 처방해 달라고 했다. 하지만 담당의는 건강하게 잘 회복하고 있으니 보험도 적용되지 않는 영양제를 맞을 필요 없다며 처방해 주지 않았다. 정맥주사 자체가 여러 합병증을 수반할 수도 있다. 혈관과 혈류에 무리가 가면 즉시 주요 장기에 영향을 끼치기 때문에 영양제는 되도록 자연스러운 방법, 즉 입으로 섭취하는 것이 가장 좋다고 생각한다.

병원에서 근무하다 보면 두 발로 걷고 입으로 먹고 마시며 정상적인 사회생활을 한다는 것이 얼마나 큰 축복인지 느끼게 된다. 별것 없어 보이는 기본적인 신체 상태에 어디 하나라도 문제가 생기면, 그리고 그 문제가 만성이 되면 관련된 다른 문제가 줄줄이 이어진다. 당뇨병 환자가 발에 생긴 아주 작은 상처로 병원을 찾아 결국 발을 잘라 내는 지경까지 이르게 되는 경우도 많이 보았다. 애초에 그런 상태까지 가지 않도록 의사들은 무던히도 말한다. "술 담배 하지 마시고, 골고루 식사하고, 스트레스 받지 말고, 규칙적으로 운동하고, 잠도 잘 주무세요." 이런 말은 나도 할 수 있겠다고 할지 모르지만 곰곰이 생각해 보면 이것보다 어려운 처방이 없다. 현대인은 이런 정상적인 생활을 가벼이 여기고 술 담배를 하거나 좋아하는 것만 많이 먹거나 운동을 하지 않거나 늦게까지 잠들지 않고 스마트폰을 본다. 그리고 사소한 습관이 쌓여 병이 되면 무슨 영문인지 의아해하거나 뒤늦게 후회한다.

건강한 몸을 유지하려면 건강한 생활을 하면 된다. 꾸준히 건강한 생활을 하는 것이 힘들다고 생각할 수 있다. 누구나 불량식품을 먹고 온종일 누워 있고 싶은 날이 있을 테니까. 하지만 그런 날은 가끔씩만 허락하고, 아이도 알 수 있는 기본적인 순리를 따라 살면 된다. 예컨대 이는 음식을 씹어 먹기 위해 있는 것이다. 몸에 좋은 과일도 기계로 갈아 마시거나 캡슐로 먹는 것보다 이로 씹어 먹는 것이 치아가 더 튼튼해지고 영양소를 온전히 흡수하는 방법이다. 과일을 갈아 마시면 당이 급격히 높아질 수 있으며 영양 흡수는 덜하다. 영양제는 성분의 거의 절반이 제형을 이루기 위한 물질이기 때문에 나를 포함한 일부 사람들은 소화 불량을 호소한다. 아무리 좋은 식품도 즙의 형태로 먹으면 농축된 성분을 해독해야 하는 간에 좋지 않다. 뼈는 걸을수록 단단해진다. 가만히 앉아서 칼슘 영양제만 먹을 것이 아니라 적당히 걷고 뛰는 것이 뼈가 건강해지는 순리다. 척추는 원래 S자 형태로 되어 있다. 안 좋은 자세로 오래 앉아 있거나 서 있다면 수시로 척추가 S자 형태가 되도록 곧게 펴고, 척추에 혈액이 잘 전달될 수 있도록 이리저리 움직여야 한다. 대단한 기술이 필요한 게 아니라 그저 몸이 본래의 기능을 충실히 하도록 만드는 것이 내 몸을 아끼는 길이다.

최근에 드라마를 보다가 놀란 일이 있었다. 드라마 전반에서 등장인물이 라면이나 빵, 피자, 삼겹살 같은 칼로리 높고 자극적인 음식을 먹는 장면이 자주 나왔다. 하루는 주인공 한 명이 집에서 엄마와 식사를 하는데, 엄마가 텃밭에서 직접 키운 채소로 차린 밥상을 보고는 불평하며 골고루 먹으라고 잔소리를 하는 것이다. 순간 내 귀를 의심했다. 그에게 '골고루'는 대체 어떤 의미일까. SNS를 통해 요즘 사람들이 무엇을 먹고 사는지 어렵지 않게 볼 수 있는데, 주로 빨갛고 노란 음식이 많다. 맵고 짜거나 튀긴 음식, 고기와 달걀, 탄수화물만 가득한 식단이 압도적이다. 초록빛 채소는 고기 구울 때 싸 먹는 상추 말고는 거의 볼 수가 없다. 현재 먹고 있는 것들이 진정 골고루 갖춰진 식단인지 살펴야 한다. 단백질과 지방의 하루 권장 섭취량을 넘어 과도하게 먹고 있지 않은지, 섬유질과 비타민, 미네랄이 풍부한 음식은 제대로 섭취하고 있는지 말이다. 주식이 고기와 튀김에 치우친 상황에서는 사실 채식 위주의 반찬이 골고루 차린 밥상에 가까울 것이다. 나는 음식을 차릴 때 일단 색깔이 다양한지 살피고 샐러드나 생채처럼 생채소와 과일도 적당히 곁들이려 노력한다. 그럼 놀랍게도 화장실에서 가장 먼저 그 효과를 톡톡히 볼 수 있다. 정말 눈으로 황금색을 확인할 수 있으며 일을 본 후 배가 무척 편안하다. 화장실에 머무는 시간도 짧아지고 화장지를 아낄 수 있으며 상쾌한 기분은 말할 것도 없다.

　　정상적인 생활을 하는 데 먹는 것만큼 중요한 게 휴식이다. 아플 때는 잠을 자는 것만큼 효과적인 조치가 없다고 생각한다. 사람들이 병원에 가면 낫는 이유 중 하나가 바로 휴식을 취하기 때문이다. 꼼짝없이 침상에 누워 누군가 가져다주는 균형 잡힌 음식을 먹고 쉬는 것은 몸이 스스로 회복할 시간을 주는 일이다. 감기 기운이 돌다가도 따듯하게 충분히 자고 일어나면 약을 먹을 필요가 없게 된다. 몸이 조금이라도 평소 같지 않다면 일단 억지로라도 2~3시간 일찍 잠자리에 들어 보자. 그저 누워서 아무것도 안 한다고 생각하는 시간에 몸은 스스로 열심히 회복하고 있을 테니까.

목표와 성공을 위해 달려가는 것도 좋지만, 순리대로 하루하루를 무사히 보내는 것이 최고다. 오늘 하루 잘 먹고 적당히 운동하고 충분히 자고 긍정적인 마음으로 보냈다면 성공적인 일상을 살고 있다고 박수를 보내고 싶다. 영양도 욕구도 과도하게 한쪽으로 치우치고 기후까지 정상이 아닌 이 시대에, 오늘도 축소주의의 마음으로 일상의 균형을 유지하도록 노력해 본다.

가끔 창밖을 보며 낮잠을 잡니다

"너 한국인이야?"

영국에서 한창 일하고 있을 때 어떤 외국인이 내게 관심을 보였다. 보통은 중국인이나 일본인이 아니냐고 물어보는데 신기했다. 맞다고 대답하니 무척 반가워하면서 이렇게 말했다.

"요즘 한국 뷰티 유튜브를 자주 보거든. 한국 마스크팩은 정말 어메이징해. 아, 맞다. 한국 먹방도 즐겨 보고 있어."

그때가 2014년에서 2015년 정도였는데, 사실 당시에는 먹방이 뭔지 잘 몰랐다. 그래서 먹방이라는 말을 알아듣지 못하고 그 외국인이 발음하기 어려운 한국말을 하나 보다 했는데, 재차 들어 보니 확실히 먹방이 맞았다. 물론 먹방이라는 단어는 알고 있었지만 먹는 것을 보여 주는 개인 방송 채널이 그토록 많이 있는지 몰랐다. 그

후 먹방은 더 성행했고, 유튜브에서 먹방을 하는 일부 사람들은 웬만한 연예인보다도 더 많은 구독자를 보유하고 있다. 결혼 직후 우연히 어느 먹방 채널을 보게 되었는데, 체구도 작고 마른 사람이 어쩜 그렇게 맛있게 많이 먹던지 신기했다. 넋 놓고 보다가 정신을 차리니 이미 새벽이었다. 남 먹는 거 보는 게 뭐 그리 재밌다고 그걸 보고 있나 싶다가도 출출한 밤이 되면 먹방 화면에 담긴 형형색색의 음식과 실감 나게 씹는 소리가 은근히 생각나는 것이었다. 그렇게 먹방을 계기로 유튜브에 다양한 콘텐츠가 있다는 것을 알게 되었고, 이전보다 스마트폰을 더 자주 보게 되었다.

결혼할 때 TV를 장만하지 않아서 남는 시간에 유튜브를 시청하는 날이 많아졌다. 먹방이나 브이로그, 예능과 드라마 요약 영상을 보다 보면 어느새 반나절이 흘러 있고 하루가 후딱 지나갈 때도 많았다. 영상을 보거나 SNS를 구경하다 보면 희한하게 책을 읽거나 글을 쓸 때보다 시간이 더 빨리 간다. 10분짜리 영상이니까, 하고 무심코 계속 보다가는 금방 날이 저무는 것이다. 영상을 하나 보면 관련 영상으로 뜨는 다른 영상을 잇달아 보게 된다. 그러는 사이 하루 종일 눈과 귀로 쉴 새 없이 현란한 정보를 받아들인다. 유튜브뿐만 아니라 인스타그램도 끊임없이 시각을 자극하는 흥미로운 사진과 영상을 쏟아낸다. 손가락을 멈출 수 없어 계속 들여다보면 한 자세를 오랫동안 유지해 근육이 경직되고 목과 손목이 뻐근해진다. 그런 날은 한참 동안 누워 있거나 앉아 있었기에 휴식을 취한 것 같다고 생각하지만 사실은 머리가 멍하고 눈이 침침해 더 피곤한 느낌을 받는다. 스마트폰 화면에서 눈을 떼고 창문을 바라보면 어떨 땐 현기증이 나기도 한다. 이 시간 동안 내 심신은 진정으로 휴식하고 있지 않은 것이다. 쉬는 시간에 게임을 하면 머리를 많이 쓰고 나도 모르게 긴장을 하기 때문에 오히려 피곤할 뿐 푹 쉬었다는 느낌은 들지 않는다. 컴퓨터도 캐시, 쿠키, 휴지통을 정리해야 잘 돌아가는데, 쉰다고 생각할 때에도 스마트폰을 켜고 무언가를 보며 정보를 받아들이는 것은 진정한 휴식이라고 볼 수 없다. 몸은 누워 있을지라도 정신은 너무 활발히 움직인다. 멍하게 있는 시간을 스마트폰에게 빼앗긴 것만 같다.

현대인은 번아웃 증후군, 즉 탈진 증후군에 시달리고 있다. 번아웃 증후군은 의욕적으로 일에 몰두하다가 극심한 피로로 인해 신체적, 정신적으로 탈진해 버리는 현대병이다. 스마트폰이 등장하며 퇴근 후에도 일에서 벗어날 수 없는 사람이 많아졌다. 또한 일하지 않을 때에는 충분히 쉬어야 하는데 업무 스트레스나 억눌린 욕구를 풀고자 혼을 쏙 빼놓을 만큼 자극적인 정보를 뇌에 집어넣는다. 늦은 밤까지 LED 조명에 시달린 신체는 피곤하지만 쉽사리 잠들지 못하는 불면증에 시달린다. 쉴 시간에 끊임없이 쾌락을 좇다가 더 심하게 탈진하고 마는 것이다. 사람들은 한 가지 욕구를 채우면 다음 욕구를 채우기 위해 움직인다. 영상 하나를 다 본 후 잇따라 재생되는 관련 영상을 계속해서 보는 것과 비슷하다. 쾌락의 감정은 오래가지 못하고 습관이 되면 중독에 빠지기 쉽다. 이때 분비되는 호르몬이 도파민이다. 짜릿한 쾌감과 희열, 흥분을 안겨 주는 도파민의 금단 현상으로는 불안과 우울, 분노가 대표적이다. 이런 부정적인 감정을 느끼지 않기 위해 사람들은 계속해서 자극을 원한다. 이렇게 욕구만 채우다 하루하루가 지나가고, 그런 일상이 쌓여 인생을 채우게 된다면 스스로 어떤 삶을 살았다고 말할 수 있을까. 개인의 욕구를 위해서만 산다면 타인과 세상을 위한 연대 같은 것에는 무관심해질 것이다.

　　욕구의 굴레에서 빠져나오기 위해서는 우선 쉬

는 시간을 재미없게 보내는 연습이 필요하다. TV 시청이나 SNS 구경을 미루고 잠시 가만히 있는 시간을 보내는 것이다. 지루하고 심심하더라도 스마트폰을 보지 않고 그냥 멍하니 있어 보려고 노력한다. 조용히 창밖을 1분만 바라봐도 잠깐 낮잠을 잔 것처럼 상쾌한 기분이 들 때가 있다. 더 긴 시간 멍하니 있다 보면 그날 내가 느꼈던 사소한 감정들이 스멀스멀 올라온다. 아까 왜 짜증이 났는지, 어쩌다 기분이 좋아졌는지 따위의 시시콜콜한 감정을 잊어버리기 전에 그 원인과 결과를 생각해 본다. 자연스럽게 나의 내면을 살피는 시간을 보낼 수 있다. 잠시 머리를 비우려 했을 뿐인데 복잡했던 생각이 정리되면서 스트레스가 해소되는 기분이 든다.

뇌에게 휴식 시간을 주고 싶지만 도저히 멍하니 있는 시간을 못 견디겠다면 단순 노동을 하는 것도 도움이 된다. 간단히 스트레칭을 하거나 빨래나 청소같이 몸 쓰는 일을 하는 것이다. 단순 노동을 하다 보면 마음이 조급할지라도 모든 일에는 순서가 있다는 자연의 이치를 깨닫는다. 배가 고프다고 해서 없던 음식이 갑자기 나타나지 않는다는 사실 같은 것 말이다. 누구나 아는 순리를 우리는 쉽게 간과한다. 무언가를 먹기 위해서는 재료를 정성스레 손질하고 맛이 날 때까지 기다려야 한다. 좋아하는 음식을 직접 만들어 보며 어떤 재료를 어떻게 써야 맛이 나는지, 기다리는 시간의 설렘과 기대감은 또 무엇인지 몸소 느껴 보는 것이 중요하다. 그러다 보면 자연이 어떤 방식으로 우리에게 영향을 주는지 경험하게 된다. 그렇게 자연의 섭리를 깨달아 가면 이 세상을 내 몸과 같이 아끼는 마음도 자연스레 정착할 것이다.

우리, 서로, 함께

어느 날 지인과 저녁 식사를 하던 중 놀라운 이야기를 들었다. 그 지인은 중학교 교사였는데, 무서울 게 없다는 중학생과 그 부모들을 상대하느라 이미 번아웃 증후군이 심하게 온 상태였다. 요즘 중학생이 겪는 마음의 병과 이를 잘못 대처하는 부모의 이야기도 나왔는데, 가장 의외였던 것은 요즘 아이들은 자신이 친구가 없다고 생각한다는 말이었다. 적어도 지인이 겪은 아이들은 함께 어울리는 친구를 그냥 같이 다닐 뿐 친구라고 생각하지는 않는다고 했다. 들어 보니 아이들이 어릴 때부터 무조건 방어적으로 기르는 부모가 많은 모양이었다. 무슨 일이 생기면 무조건 자기부터 방어하도록 가르치다 보니 학교에서 폭력이나 부조리한 일이 일어나도 괜히 끼어들었다가 나까지 피해를 보면 안 된다는 마음을 갖게 되고, 친구에게 우정의 감정을 느끼려 하지 않게 되는 것이다. 이해되지 않는 행동을 하는 아이들을 보며 요즘 애들이란, 하고 넘길 것이 아니라 나는 좋은 본보기가 되었는지 돌아봐야겠다는 생각이 들었다. 아이들은 어른의 행동, 말

투, 사상부터 어른이 만든 세상의 다양한 상품, 자극적인 광고 등의 영향을 받고 자란다. 어느덧 서른 중반이 되어 버린 나는 청소년에 대한 정보가 업데이트된 지 오래여서 요즘 아이들이 명품으로 '플렉스'라는 것을 하는지도 모르고 지냈다. 내 학창 시절에는 나이키, 아디다스가 최고인 줄 알았는데 명품이라니. 명품을 최고로 섬기고 물건으로 과시하는 어른의 문화가 아이들에게까지 번진 것은 아닐까.

나의 할머니 할아버지 세대는 일제 강점기와 전쟁을 겪었다. 그들은 아마 당장 내일 먹고살 수 있는 식량과 국가 안보를 가장 중요하게 생각해 왔을 것이다. 그들 밑에서 자란 우리 부모 세대는 독재 정권과 민주화 운동, 자본주의의 눈부신 성공을 빠르게 맛보았다. 모두가 배불리 먹거나 누구든 교육을 받을 수는 없었지만 성실히 살면 어느 정도 부를 축적할 수 있었다. 그러고는 자식이 출세하기를 바라는 마음으로 더 많이 교육시키고 조금이라도 더 풍요롭게 입히고 먹이기 위해 평생을 바쳤을 것이다. 내 또래는 대부분 공부에 신물이 날 정도로 넘치도록 교육을 받은 세대다. 각종 학원에 다니고 좋은 대학을 가기 위해 열심히 노력하다 보면 옆에 앉아 함께 공부했던 친구는 어느새 내 라이벌이 되어 있다. 열심히 살면 부를 축적할 것이라고 배우며 자랐지만 어쩐지 돈은 모이지 않고, 친구들은 그저 비교 대상이 될 뿐 진심으로 의지할 사람 없이 사는 것은 점점 더 힘들어진다. 앞선 세대와는 비교할 수 없을 만큼 물질적 풍요를 누리지만 정신적으로는 더 피폐했고, 높은 스펙이 무색하게 부모의 도움 없이는 경제적 자립이 어려워졌다. 치열한 경쟁 사회에 주눅 들어 살다가 결혼해서는 자식을 여럿 낳을 능력은 안 되니 하나만 낳아 모자람 없이 키우자고 생각했을 것이다. 어느새 세상에 위축된 자신과는 달리 내 자식은 최고로 키우겠다는 다짐으로. 하지만 그렇게 키운 아이들이 자라 자존감 높은 사람이 아니라 이기적인 사람이 되어가고 있다면 어떻게 해야 할까. 학교라는 사회에서 진정한 벗 하나 만들지 못하고, 잠들기 직전까지 공부만 하면 잘 살고 있다고 칭찬하는 세상에서 과연 아이들이 건강히 성장할 수 있을까.

어린 시절부터 타인을 경쟁자로 생각하며 자라면 대인 관계에서 계산적이게 되고 진정한 배려와 나눔을 이해하기 어렵다. 타인과 경쟁하려면 자신을 더 과시해야 하는데, 이는 주로 물질적 소비로 이어진다. 친구들보다 더 좋은 브랜드의 옷과 신발로 자신의 정체성을 만들어 간 아이가 성인이 되어서 더 좋은 집과 차로 과시하는 삶을 사는 것은 너무나 자연스럽다. 아마 그것이 성공한 인생이라고 착각하며 살 것이다. 더 좋은 대학과 더 좋은 직장에 들어가기 위해 노력하는 것은 생각해 보면 물질적으로 더 비싼 인생을 살기 위함이다. 남들이 좋다는 것은 다 소유하고 싶고, 연예인이나 인플루언서가 광고하는 물건을 SNS에서 자랑하기 위해 구매하는 사람도 많다. 이러한 메커니즘은 자본주의 사회에서 사람들의 소비 심리를 자극하는 데 아주 유용하게 쓰인다. 자본주의 사회는 사람들의 경쟁을 부추겨 더 많은 물건을 생산하고 소비하게 만드는데, 이것은 화살이 되어 결국 우리에게 돌아온다. 부를 축적하는 사람과 그렇지 못한 사람 사이에서 불평등이 발생하고, 끝없는 경쟁 속에서 사람들은 점점 더 지친다. 거리낌 없이 환경마저 상품으로 이용하는 자본주의 때문에 지구는 더 심하게 망가지고 있다. 지금의 청소년이 부모 세대가 될 때쯤 이 지구는 과연 어떤 모습일지 아득하다.

코로나19로 인해 일상의 많은 것이 변했다. 일시적일 줄 알았던 바이러스는 생각보다 오래 우리 곁에 머무르고 있고, 이것이 잠잠해지더라도 앞으로 계속해서

이와 비슷한 질병이 인간을 위협할 것이다. 인공 지능이 인간의 노동력을 점차 대체하고 있다 보니 이러다가 정말로 기계가 인간을 지배하는 것은 아닌지 걱정하는 목소리도 있지만, 코로나19를 겪으며 깨달은 것이 있다. 아직도 꽤 많은 일을 사람과 사람이 대면해서 해결하고 있다는 것. 학교와 직장은 물론 종교 단체, 각종 모임, 결혼식, 장례식 등에서 사람이 사람을 만나지 못하게 되니 사회 전체가 마비되어 버렸다. 경제적인 타격도 컸지만 무엇보다 서로 만나지 못하자 사람들은 외로움과 정신적인 고통을 느꼈다. 몇 달간 봉쇄령이 지속되었던 영국이나 미국에서는 사람이 사회적 동물이라는 사실을 새삼 뼈저리게 느꼈을 것이다. 재난 상황에서 사람들은 서로 의지한다. 실제로 경쟁 관계가 그 의미를 잃고 인간 대 인간으로 서로를 응원하며 힘든 시기를 함께 극복하려고 노력했다. 물론 일부 사람들의 사재기나 인종 차별에 눈살을 찌푸리기도 했지만, 재난 상황이 길어지면 결국 생존이라는 목표 아래 사람들은 서로를 의지할 것이다.

평소에 좀비물을 꽤 좋아하는데, 현실성은 없지만 그런 초특급 재난 상황에서 살아남은 사람들이 생존을 위해 투쟁하는 모습이 퍽 흥미롭다. 인류를 위협하는 재난 상황에서는 사람들의 지위나 경제 상태, 인종이 별 의미가 없어진다. 서로 경쟁하는 사이가 아니라 함께 살아 내야 하는 사이이기 때문이다. 그저 인간으로서 모두 동등하게 대하고 생존하기 위해 서로 돕는다. 인간의 적인 좀비는 한때 인간이었지만 모든 인간다움을 버리고 욕구 중에서도 식욕만 남은 모습이다. 좀비, 그러니까 식욕에 점령당한 인간은 인간다움을 잃지 않으려는 인간을 끊임없이 공격한다. 정말 죽지도 않고 또 온다. 끝을 모르고 차오르는 인간의 욕망처럼 말이다. 코로나19 같은 질병도 똑같고 기후 변화도 마찬가지다. 우리 모두를 위협하는 재난을 예방하기 위해 이제 허물을 벗어던지고 인간다움을 지켜야 할 시간이다. 남에게 보여 주기 위한 마음, 남보다 잘살려는 마음을 축소할 때가 왔다.

불편하지만 편안한 삶

　　사회생활을 시작하고 무려 10년 가까이 내가
하고 싶은 일이 무엇인지 늘 생각했다. 이 땅에 내가 태어
난 이유는 무엇이며 인간은 왜 노동을 해야 하는지, 왜 돈
을 벌어 먹고살아야만 하는지, 그렇다면 나는 무엇을 해
서 먹고살아야 만족감을 느끼며 행복하게 살 수 있을지
고민했다. 내 직업이 적성에 맞지 않는다고 느끼며 이것저
것 시도해 보았지만 딱히 충만한 기분을 느끼는 일은 찾
을 수 없었다. 대학도 두 번이나 갔는데, 첫 번째는 미대였
고 두 번째는 간호대였다. 10년 동안 진로를 고민하면서
그때 미대를 계속 다녔어야 했나, 처음에 들어갔던 병원
을 그만두지 않고 꾸준히 일했어야 했나 의미 없이 후회
했다. 갈대처럼 움직이는 마음 때문에 우왕좌왕하며 보낸
날들이 아깝게 느껴질 때도 많았다. 하지만 비교적 내면
의 평정을 찾은 지금 돌이켜 보면 그날들이 얼마나 값진
지 모른다. 내 인생을 놓고 나라는 사람은 누구인지 고민
하며 탐구하는 시간은 인생을 살면서 당연히 거쳐야만 했
던 과정이다. 고민의 시간을 보내느라 지금은 또래보다 경

제적으로 뒤처져 있을지 몰라도 인생을 진지하게 대하며 살아왔다고 당당히 말할 수 있다. 하지만 그중에서도 주택 구매를 인생 목표로 삼았던 시기는 여전히 후회한다. 고귀한 인생의 목표가 고작 물질적인 것이었다니, 그 기간 동안 늘 마음이 불행했던 이유를 나중에야 깨달았다. 목표가 물질일 때 인간은 쉽게 비겁하고 옹졸해진다. 물질에 대한 집착을 버린 순간부터 인생이 매일 즐겁고 행복하다.

내가 선택한 방법은 물질을 위해 사는 것이 아니라 죽음을 목표로 사는 것이다. 모든 인간의 삶에서 단하나 변하지 않는 것, 우리는 모두 죽는다는 사실을 기억하는 것이다. 마치 죽지 않을 것처럼 물질적인 속박에 스스로 얽매이기보다 곧 죽는 것처럼 어떻게 하면 매 순간 가치 있게 살 수 있을지 생각한다. 세상에는 잘 살았다고 오랫동안 인정받는 몇몇 사람이 있다. 최고의 권력을 휘둘렀던 지도자도 아니고 세계에서 손꼽히는 부자도 아니다. 나보다 남을 생각하며 이타적인 삶을 산 성인군자일 것이다. 집과 같은 물질적 목표를 버리고 어떻게 하면 더 나은 인간으로 생을 마감할 수 있을지 생각하다 보니 인생이 더 밝고 재미있어졌다.

우리 모두가 물질에 대한 욕심을 조금씩 축소하는 것이 이 지구가 사는 길이다. 넷플릭스 다큐멘터리 「미니멀리즘」에 따르면 1983년에 미국 기업이 어린이 마케팅에 1억 달러를 소비했는데, 2006년에는 170억 달러를 소비했다고 한다. 어린이는 시리즈별로 장난감을 모으는 데 집착하고, 물질의 소유가 성공한 인생의 척도라고 생각하게 된다. 그렇게 우리는 어느새 자본주의의 노예가 되어 환경이 파괴되든 말든 동물을 잔인하게 죽이든 말든 그저 더 많은 화폐를 벌어들이고 더 강한 권력을 쥐는 데에만 용써 온 것은 아닌지 모르겠다. 그러다 어느 날 자신보다 스펙도 낮은 일반인 유튜버가 한 달에 대기업 연봉을 번다는 기사를 보고 허탈감에 빠지는 것이다. 매 순간 열심히 산 자신의 삶을 기만하고 물질로만 삶의 가치를 판단하려 들기 때문이다.

아마도 많은 현대인이 어플루엔자에 걸렸을 것이다. 풍요를 뜻하는 Affluent와 유행성 독감을 뜻하는 Influenza의 합성어로 쉽게 말해 소비 중독 질환, 즉 부자병이라는 신조어다. 필요한 수준을 넘어 과도하게 물질을 탐한다면 혹시 어플루엔자에 걸린 것이 아닌지 의심해 봐야 한다. 사람들이 조금씩 물질에 대한 집착을 버리고 좀 더 지혜로운 삶을 추구한다면 소비지상주의로 인한 무분별한 환경 파괴나 오염이 줄어들 것이다. 사람들은 모두 행복하게 살고 싶어 한다. 행복해지고 싶다면 진짜 나를 행복하게 만드는 것이 무엇인지 생각해 보자. 물질이 내게 찰나의 행복을 준다면 그 속에 반드시 숨은 욕구가 있을 것이다. 단지 나의 시각적 즐거움을 위한 것일 수도 있고, 누군가에게 자랑해 우월감을 느끼며 자신의 위치를 인정받고 싶을 수도 있다. 내가 진짜로 원하는 것이 인정받고 싶은 욕구라면 과연 이 욕구는 평생 제대로 채워질 수 있는지, 그것이 아니라면 어떻게 삶의 방향을 바꾸어야 하는지, 몇 분만이라도 시간을 내 고민해 보자. 자기 자신을 더 깊고 자세히 알아야 나에게 꼭 맞는 삶을 살아갈 수 있다.

제주대학교 사회학과 김일방 교수는 그의 저서인 『환경문제와 윤리』에서 '자발적 소박함'이라는 개념을 소개한다. 이 용어를 처음 사용한 사람은 마하트마 간디의 신봉자인 리처드 그레그인데, 불교와 그리스도교, 도교 창시자와 그 추종자들, 그리고 스토아학파까지 자발적 소박함을 거룩한 덕으로 추구했다. 책에서는 자발적 소박함을 외적인 화려함보다 내적인 풍요를 더 우위에 두는 것이라 설명하고 있다. '소박한 삶'은 누추한 생활을 옹호하거나 원시적 삶으로의 회귀를 말하는 것이 아니다. 인공적이며 거추장스러운 것이 벗겨지고 심미적 감각이 자유롭게 발산하는 삶을 뜻한다. 요컨대 "편안하지만 호사스럽지 않은 삶, 소박하지만 쪼들리지 않는 삶, 단아하지만 따분하지 않는 삶"이다. 어플루엔자를 치료하고 영혼이 풍요로워지기를 바란다면, 당면한 기후 위기에 개인이 할 수 있는 일을 찾고 싶다면, 환경 오염을 막고 생명을 보호하고 싶다면, 스스로 내면의 균형을 이루고 자발적 소박함을 추구하면 된다.

우리는 물질을 탐하고 누리는 것에 너무 익숙해졌기 때문에 소박한 삶을 살아가는 것이 어쩌면 불편할 수도 있다. 근대 산업의 발전 덕에 우리는 그 어느 때보다 편의를 누리고 있지만 그것과 반비례로 악화되는 지구 환경, 높은 자살률과 낮은 행복지수, 날로 교묘해지는 범죄 행태를 보면 그 발전이 과연 옳은 것인지 의문이 든다. 환경 문제에 관심을 두면서 편리가 늘 옳은 것은 아니라는 생각을 자주 한다. 편리한 정도, 소박한 정도는 모두 주관적이기에 내가 감당할 수 있는 불편은 익숙해지면 어느새 편리로 바뀌고, 예전에 누렸던 편의가 언젠가는 호사로 느껴질 수도 있다. 분명한 것은 자신의 외면을 물질로 치장하려는 에너지를 내면으로 돌려야 한다는 것이다. 이 세상에서 진정으로 옳다고 믿는 것이 무엇인지, 나와 내 가족, 나아가 전 인류 모든 생명이 함께 살아가는 방법이 무엇인지 고민해 보는 것이다. 내가 할 수 있는 선에서 물욕을 축소하고 자발적 소박함을 따르는 일이 모두에게 익숙해진다면, 지금의 환경 위기도 다 같이 헤쳐 나갈 수 있을 것이라고 믿는다.

안녕하세요, 이지구라고 합니다

어렸을 때 나는 자주 체했다. 그럴 때마다 아빠가 바늘로 손을 따 주셨는데, 바늘이 너무 무서워서 하지 말라고 엄청나게 떼를 썼다. 간호사가 된 지금도 여전히 나를 향한 바늘은 무섭다. 하지만 그렇게 떼를 쓰는 와중에도 나는 알고 있었다. 오늘 밤 내 손가락은 결국 피를 볼 것이란 사실을. 그 순간만 참으면 내 배는 평온해지리라는 것을. 이미 여러 차례 화장실을 오가며 토하고 설사를 해도 가라앉지 않는 배의 상태를 깔끔히 해결해 주는 방법이 바로 손 따기였기 때문이다. 아빠는 큰 손으로 나의 등과 팔을 힘껏 쓰다듬고 굵은 실로 엄지손가락을 꽁꽁 묶으셨다. 뚱뚱해진 손가락을 보고 있으면 클라이맥스에 다다른 것처럼 긴장이 고조되었다. 그 순간 눈 깜짝할 사이에 검붉은 피가 흘러나왔다. 아빠는 정말 타이밍의 귀재다. 무섭고 아픈 와중에도 검붉은 피의 색이 참 신기했다. 피는 원래 빨간색이어야 하는데 내 피가 검은색으로 오염돼서 그렇게 배가 아팠던 것이구나 생각했다. 그리고 요란했던 밤이 마치 꿈이었던 것처럼 편안하게 잠을 잤다. 내 피가 정말 오염되었던 것인지는 모르겠지만, 순환이란 바로 이런 것이 아닐까. 늘 체액이 순환하는 체내에서 어딘가 잘못돼 순환이 제대로 되지 않으면 우리 몸은 구토나 설사, 복통으로 그 신호를 보낸다. 지구도 마찬가지로 여러 가지 이상 기후, 동물과 사람의 질병으로 아프다는 신호를 보낸다. 이제는 우리가 지구의 등과 팔을 쓰다듬고 손가락을 꽁꽁 묶어 검붉은 피를 빼내야 할 때인지도 모른다.

이 지구가 체하지 않고 건강히 순환하려면 나는 무엇을 해야 할까 생각하다가 결국 나의 신체와 정신을 건강히 유지하면 되겠다는 결론에 도달했다. 신체적 건강을 위해 되도록 화학 비료와 농약을 치지 않은 농산물을 먹는다. 면역력 증강을 위해 싱싱한 현지 제철 음식을 먹는다. 내 건강을 위해 그랬을 뿐인데 자연스레 땅도 화학 물질로부터 자유로워진다. 지역 농산물을 먹다 보면 배송을 위한 항공 운항이 줄어들어 탄소 배출이 감소하고 대기가 조금은 더 깨끗해질 수 있다. 게다가 지역 사회의 경제에도 도움이 된다. 정신적 건강을 위해서는 충분히 휴식하고 나의 내면을 살피는 시간을 가진다. 나의 감정과 욕구의 본질을 탐구해 본다. 스스로 응원하고 격려하면서 자존감을 높여 나가면 나의 정체성을 물질로 대체하지 않고, 타인과 비교하며 흔들리는 삶에서 벗어날 수 있다. 쓸데없이 물질로 남과 경쟁하는 일이 줄어들면 물건을 많이 만들 필요도 없어진다. 과도한 생산이 멈추면 그에 따른 탄소 배출이 줄어들고 쓰레기도 감소할 것이다. 나는 내 건강만 챙겼을 뿐인데 그 영향은 나비처럼 날아가 온 지구에 퍼지게 된다. 마음이 병든 사람들이 지구를 파괴하면 그 악영향은 돌고 돌아 결국 또 인간이 아프다.

이렇게 개인의 선택이 지구 전체에 미치는 영향을 생각하면, 우리 모두가 자신을 하나의 지구라고 생각해도 좋을 것 같다. 지구를 나처럼 나를 지구처럼 생각하고 할 수 있는 만큼 정성껏 보살피는 것이다. 어떻게 하면 충분히 이로운 삶을 살아갈 수 있을지 성찰을 통해 스스로 깨우치는 시간이 필요하다. 끊임없는 내적 갈등에 부딪치겠지만, 그 고민 자체를 북돋고 싶다. 치열하게 그러나 아름답게 살아가는 모두의 인생을 응원하고 싶다.

세상의 모든 축소주의자,
각자의 지구 님들.
잘하고 계신 것 알아요.

앞으로도 우리 함께
유연히 덜어 내며 살아 봅시다!

참고 자료

단행본

1. 제러미 리프킨, 『육식의 종말』, 시공사, 2002

2. 조천호, 『파란하늘 빨간지구』, 동아시아, 2019

3. 윌리엄 엥달, 『파괴의 씨앗 GMO』, 김홍옥 역, 길, 2009

4. 김일방, 『환경문제와 윤리』, 제주대학교출판부, 2019

5. 한승태, 『고기로 태어나서』, 시대의창, 2018

6. 계명찬, 『화학 물질의 습격: 위험한 시대를 사는 법』, 코리아닷컴, 2018

7. 박철원, 『안전하고 슬기로운 천연 세제 생활』, 나눔북, 2018

다큐멘터리

1. 킵 안데르센·키건 쿤, 「소에 관한 음모(Cowspiracy: The Sustainability Secret)」, 2014

2. 시릴 디옹·멜라니 로랑, 「내일(Demain, Tomorrow)」, 2015

3. 코지마 단노리트세르, 「전구 음모이론(The Light Bulb Conspiracy)」, 2010

4. 맷 드아벨라, 「미니멀리즘(Minimalism A Documentary About the Important Things)」, 2015

인터넷 자료

1. "명태 포획 금지… 오징어-갈치도 함부로 못 잡는다", 동아일보, 2019, https://www.donga.com/news/article/all/20190216/94130457/1

2. 최낙언의 자료 보관소 http://www.seehint.com/word.asp?no=11533

3. 한살림 http://www.hansalim.or.kr/?page_id=51594

4. "환경오염 주범 아보카도의 속사정?", 환경미디어, 2020, http://www.ecomedia.co.kr/news/newsview.php?ncode=1065576803635213

5. "아보카도를 먹지 말아야(?) 하는 이유", KBS NEWS, 2018, http://news.kbs.co.kr/news/view.do?ncd=4093552&ref=A

6. 수도권매립지관리공사 https://www.slc.or.kr/main.do

7. "쓰레기가 세탁소 운영을 돕는다? 폐에너지를 활용하는 '아산 환경과학공원'", 한국가스공사 블로그, https://m.post.naver.com/viewer/postView.nhn?volumeNo=17494884&memberNo=6411495&vType=VERTICAL

8. 제주시 환경부 http://www.jejusi.go.kr/field/eco.do

9. 환경부 https://www.me.go.kr/home/web/policy_data/read.do?menuId=10265&seq=2202

10. 순환자원정보센터 https://www.re.or.kr/main.do

11. 런던 셀프리지 백화점(Project Ocean 캠페인) https://www.selfridges.com/GB/en/features/articles/content/project-ocean/

12. "환경 지키려 샀는데… 텀블러·에코백의 배신", 머니투데이, 2019, https://news.mt.co.kr/mtview.php?no=2019061309343025811

13. 네이버 지식백과, "수질 오염", https://terms.naver.com/entry.nhn?docId=5145303&cid=61234&categoryId=61234

14. "하루에 287리터… 사용하고 버려지는 물의 환경학", 그린포스트코리아, 2020,http://www.greenpostkorea.co.kr/news/articleView.html?idxno=118063

15. "물 부족 현상을 통해 본 물의 소중함", 한국그린포스펌프(주) 블로그 https://blog.naver.com/namu_min/120191379403

16. "코로나의 역설… 인간이 멈추자 지구가 건강해졌다", 동아일보, 2020, http://www.donga.com/news/article/all/20200402/100480182/1

17. 배성호, 패시브하우스 콘서트, 네이버 지식백과, 2014

18. "코로나 發 경제실험…재택근무가 뉴 노멀?", 주간한국, 2020, http://weekly.hankooki.com/lpage/economy/202003/wk20200316073021146380.htm?s_ref=nv

19. "IBM도 야후도 실패? 재택근무 왜 못했을까", 아시아경제, 2020, https://view.asiae.co.kr/article/2020061510391088155

20. 숲을 살리는 재생종이 http://www.green-paper.org/intro

21. "전자책은 정말 종이책보다 환경에 좋을까?", 소비라이프뉴스, 2020, http://www.sobilife.com/news/articleView.html?idxno=26008

22. "패스트패션은 지금 '친환경' 고민중", 매일경제, 2018, https://www.mk.co.kr/news/economy/view/2018/05/296112/

23. "천연섬유 '목화솜'은 과연 친환경 작물일까?", 그린포스트코리아, 2020, http://www.greenpostkorea.co.kr/news/articleView.html?idxno=115694

24. "스마트폰 속 콜탄 0.02g… '폰 바꿀 때마다 콩고 주민 죽는다'", 중앙일보, 2019, https://news.joins.com/article/23405814

25. "고릴라가 들려주는 '핸드폰 이야기'", 네이버 포스트 어린이동산, 2019, https://m.post.naver.com/viewer/postView.nhn?volumeNo=17940598&memberNo=36678582&vType=VERTICAL

26. "부품 교체&업그레이드 가능한 공정무역 스마트폰, 페어폰3", 앱스토리, 2019, http://news.appstory.co.kr/free12193

27. 네이버 지식백과, "생활 속 화학이야기-바를까? 말까? 자외선 차단제", 2018, https://terms.naver.nhn?docId=5668110&cid=59995&categoryId=59995

28. 네이버 지식백과, "생활 속의 화학과 고분자-합성세제, 반합성세제, 천연세

제", 2010, https://terms.naver.com/entry.nhn?docId=2074002&cid= 60229&categoryId=60229

29. 네이버 지식백과, "생활 속 화학이야기-코팅 프라이팬의 비밀", 2018, https://terms.naver.com/entry.nhn?docId=5144469&cid=59995&ca tegoryId=59995&expCategoryId=59995

30. "국내 실내동물원서 인수공통감염병 발생했다", 한겨레, 2020, http:// www.hani.co.kr/arti/animalpeople/wild_animal/942162.html

축소주의자가
되기로 했다

초판 1쇄 발행 2020년 11월 16일

지은이 이보람
펴낸이 이광재

책임편집 김난아
디자인 이창주 　　　　**마케팅** 정가현 　　　　**영업** 노시영, 허남

펴낸곳 카멜북스 　**출판등록** 제311-2012-000068호
주소 서울 마포구 성지길 25 보광빌딩 2층
전화 02-3144-7113 　**팩스** 02-6442-8610 　**이메일** camelbook@naver.com
홈페이지 www.camelbooks.co.kr 　**페이스북** www.facebook.com/camelbooks
인스타그램 www.instagram.com/camelbook

ISBN 　978-89-98599-72-0 (03300)